Vorwort

Wer über die gegenwärtige politische und soziale Situation Amerikas informiert ist, weiß, daß das Land in Schwierigkeiten steckt. Die Lebensbedingungen in unseren Städten zeugen sehr deutlich vom Zerfall von Gemeinschaften, von Entwurzelung, Entrechtung, Hoffnungslosigkeit und Wut. Dies sind tiefgreifende Probleme, die wir gefühlsmäßig begriffen haben, aber wir wissen nicht, wie Abhilfe geschaffen werden kann, wenn überhaupt die Möglichkeit dazu existiert.

Meistens arbeite ich mit Geschäftsleuten, die im internationalen Wettbewerb besser mithalten und einen hohen Qualitätsstandard, Produktivität und Kompetenz erreichen wollen. Viele von uns, ob Theoretiker oder Praktiker, gelangen immer mehr zu der Überzeugung, daß die wahre Herausforderung jenseits dieser Schlagworte liegt – daß es darum geht zu lernen, wie man lernt, und zwar gemeinsam. Wirklich wichtig ist dabei die Organisation des Lernprozesses – denn Wissen, Innovationskraft und Kreativität sind die einzigen verläßlichen schöpferischen Kräfte, die Wettbewerbsvorteile in einer Welt ermöglichen, in der Veränderungen sich immer schneller vollziehen und in der die wechselseitige Abhängigkeit wächst.

Dabei gibt es nur ein Problem. Die meisten von uns haben vergessen, was wir einst wußten: was es bedeutet, als Lernende zu leben. Das ist nicht ohne Folgen geblieben. Der Niedergang unserer Gemeinschaften und unsere armseligen Bemühungen um globale Wettbewerbsfähigkeit resultieren aus diesem Vergessen.

„Unser gegenwärtiges Management-System hat die Menschen zerstört", stellt Dr. W. Edwards Deming, ein Pionier des Qualitätsmanagements, fest. „Motivation, Selbstachtung, Würde und Lernbegierde ist dem Menschen ebenso angeboren wie die Freude am Lernen. Die Zerstörung dieser Freude beginnt schon im Kleinkindalter – wenn ein Preis für das beste Halloween-Kostüm, Noten in der Schule, goldene Medaillen verteilt werden –, und so geht es weiter bis zur Universität. An ihrem Arbeitsplatz werden Menschen, Teams und Abteilungen leistungsmäßig eingestuft, d.h., Spitzenkräfte werden belohnt, ‚Looser‘ dagegen bestraft.“

Dieses von Deming beschriebene „Management-System“ wird nicht nur in den Wirtschaftsschulen oder in Großunternehmen gelehrt. Es bezeichnet darüber hinaus Überzeugungen und Praktiken, die in unserer Kultur fest verankert und vor allem in sozialen Institutionen sichtbar sind, die ganz grundlegend gegen die menschliche Natur verstoßen. Menschen sind zum Lernen geboren. Der Anthropologe Edward T. Hall zum Beispiel behauptet, daß „der Drang zu lernen noch entscheidender ist als der Fortpflanzungstrieb“. Unsere wichtigsten sozialen Institutionen, die Arbeitsstelle und die Schule, fungieren als Kontrollinstanzen. Mit dem Zusammenbruch unserer Familienstrukturen wird die Bedeutung dieser Institutionen für neue soziale Verhaltensnormen immer zentraler.

Ein Schulanfänger lernt schnell, daß es in der Schule nicht um das Lernen geht, sondern darum, Fehler zu vermeiden und die richtigen Antworten zu finden. Schule heißt: Anerkennung erringen und Mißbilligung vermeiden. Und genau die gleichen Regeln lernen auch Arbeiter als erstes: Vermaßle nichts, tu’, was dir gesagt wird, paß auf, daß du nicht beschuldigt wirst, wenn etwas mißlingt, versuch’ um jeden Preis, gut dazustehen.

Dieser grundsätzliche Gegensatz zwischen unserem angeborenen Drang zu lernen und der Kontrollsucht der Institutionen verhindert die stetige Entwicklung unserer natürlichen Neugier, unseres Erfindergeistes, unserer Experimentierfreude, unseres Staunens und unserer Kombinationsgabe. Auf einer bestimmten Ebene tragen die Menschen, die unser Bildungssystem ‚erfolgreich‘ absolviert haben, die gleichen Narben davon wie ‚Versager‘. Auch die ‚Gewinner‘ haben soviel Einsatz gebracht für ihr Wissen, daß sie – um mit Chris Argyris aus Harvard zu sprechen – zwar gescheit geworden sind, „aber nicht mehr lernen können“. Sie bevölkern die obersten Etagen unserer Verbände und verstärken die vorherrschenden Normen: gut aussehen, recht haben, die Kontrolle behalten. Die ‚Verlierer‘ – und es sieht so aus, als betrachte sich die große Mehrheit der jungen Leute als Verlierer – werden einfach zu lebenslänglichen Versagern abgestempelt; die Gesellschaft bezeichnet sie als unfähig; sie selbst halten sich für Nieten.

Wir lassen unsere Kinder im Stich. Und keine Gesellschaft kann sich das leisten, ohne den Preis dafür zu bezahlen.

Viele Menschen, die die tiefere Natur unserer Probleme erkennen, meinen, die Lösung liege in der ‚Reparatur' unseres Bildungssystems. Aber Sie können kein System reparieren, das von vornherein ganz andere Ziele verfolgt, als Sie voraussetzen.

Darüber hinaus situieren diese Menschen das Problem irgendwo sonst, ganz weit weg. Für sie ist es etwas, das durch inkompetente Lehrer, innovationsfeindliche Bürokraten oder Mangel an Geldmitteln verursacht wird. Damit werden wir von der Verantwortung für die anstehende Aufgabe freigesprochen – nämlich das System zu erneuern, durch das unsere Kinder von Anfang an ausgebildet werden. Dazu gehört, daß grundsätzliche Annahmen in Frage gestellt werden, wie zum Beispiel, daß einige Kinder gescheit seien und andere nicht. Dazu gehört ebenso, daß man sich in einen wechselseitigen Prozeß des Nachdenkens und Nachforschens hineinbegibt, um die einzigartigen Wege zu verstehen, wie jeder von uns, Erwachsener oder Kind, lernt. Erforderlich ist auch, daß wir uns dem Schmerz stellen, den jeder von uns in der Schule und bei der Arbeit durchlebt hat, als wir entdeckten, daß niemand an unseren Gedanken, Fragen und Träumen wirklich interessiert war. Diese Arbeit kann nicht delegiert werden. Wir alle müssen noch einmal die Welt betreten, in der wir Lernende sind.

Dawna Markova wollte dieses Buch ursprünglich für Lehrer und Ausbilder schreiben. Aber sie und ihre Co-Autorin Anne Powell merkten bald, daß der Anstoß für die Art von Veränderung, die heute notwendig ist, von den Eltern kommen muß, den „ersten und wichtigsten Personen, die den Geist ihrer Kinder beschützen".

So wurde das Buch für uns als Eltern geschrieben. Und für uns als Mitglieder einer Streßgemeinschaft. Es ist eine Einladung, sich wieder für die vielleicht älteste soziale Aufgabe einzusetzen, die Pflege der jungen Generation. Wenn wir das tun, entdecken wir möglicherweise die Bedeutung eines alten afrikanischen Sprichworts wieder, daß „ein ganzes Dorf nötig ist, um ein Kind großzuziehen".

Vielleicht entdecken wir auch die ursprüngliche Bedeutung des Wortes „erziehen" wieder, das lateinische „educare", das uns einen Ausweg aus dem Dilemma weisen könnte. Denn wenn wir etwas in unserer heutigen Gesellschaft brauchen, so ist es die Fähigkeit, einen Ausweg zu finden.

Peter M. Senge
Center for Organizational Learning

Es geht nicht darum, wie gescheit Ihr Kind ist, sondern darum, auf welche Weise es gescheit ist

Wir erben die Welt nicht von unseren Eltern,
wir borgen sie von unseren Kindern.

Mahatma Gandhi

Wir haben dieses Buch als Eltern für Eltern und andere, die Kinder erziehen, geschrieben: Stiefeltern, Freunde, Lehrer, Verwandte, Erziehungsberater. Wir haben es geschrieben, weil viel zu viele von uns zu lange an den falschen Stellen in der Defensive geblieben sind. Wir sind der Überzeugung, daß es für Eltern an der Zeit ist, ihr Schweigen zu brechen, miteinander und mit den Lehrern darüber zu sprechen, was wir über die Fähigkeiten und Bedürfnisse unserer Kinder *wirklich* wissen. Wir denken, daß es Zeit ist, sich zusammenzuschließen und sich leiten zu lassen – nicht von standardisierten Tests und Experten, die unsere Kinder nie zu Gesicht bekommen haben, sondern von dem, was wir und unsere Kinder für richtig halten.

Dieses Buch soll die Art, in der Eltern und Lehrer die Fähigkeiten von Kindern zu beurteilen gewohnt sind, von Grund auf verändern. Wir haben es geschrieben, um Sie und Ihre Kinder in aller Ruhe zu stärken. Wir wollen Sie nicht ändern. Wir wollen Ihre Kinder nicht ändern. Vielmehr wollen wir Ihre Ansichten darüber in Frage stellen, was Ihre Kinder machen, lernen und wissen können und was nicht.

Ursprünglich war dieses Buch für Lehrende gedacht. Wir verstehen Lehrer, denn wir sind selbst Lehrerinnen. Wir verstehen, was es bedeutet, dem Druck einer so großen Verantwortung standzuhalten, wenn man wenig Unterstützung erfährt: bei größeren Klassen kaum Hilfen, wenig Materialien und unzureichende Sicherheitsvorkehrungen. Aber wir sind mittlerweile zu der Überzeugung gelangt, daß der Anstoß für Veränderungen von den Eltern kommen muß, den allerwichtigsten Beschützern des kindlichen Geistes.

Wir wollen keine Revolution gegen Schulen oder Lehrer anzetteln. Wir glauben jedoch, daß unsere Methode, die vom Verständnis des kindlichen Denkens, Lernens und Kommunizierens ausgeht, ganz grundlegend zu einer qualitativ guten Ausbildung beitragen kann. So ist dieses Buch nicht ausschließlich für Eltern gedacht, aber unserer Ansicht nach werden gerade die Eltern in den Schulen eine Entwicklung einleiten.

Wir verstehen Eltern. Wir sind selbst Eltern. Wir verstehen sowohl ihren uneingeschränkten Einsatz für ihre Kinder als auch ihre Frustration. Alles, was in dieser Welt dank menschlicher Bemühungen existiert, wurde von jemandem geschaffen, der sich weigerte, das Unannehmbare zu akzeptieren. Mit diesem Buch möchten wir Ihnen helfen, so stark zu werden, daß Sie in Zukunft auf die Autorität Ihrer eigenen Erfahrung vertrauen und Ihrem eigenen inneren Ziel als Eltern treu bleiben werden. Wir möchten Sie ermutigen, die Verantwortung dafür zu übernehmen, ein Bildungssystem zu unterstützen, das die vielfältigen Möglichkeiten zu lernen anerkennt.

Das Material für dieses Buch entstammt vielen Jahren Erfahrung innerhalb und außerhalb des Klassenzimmers. Wir haben uns auf Klinische Psychologie und Entwicklungspsychologie, Wahrnehmungsmodalitäten, Lerntheorien, Hypnotherapie und expressive Kunsttherapie gestützt, wollen aber den Schwerpunkt auf die Praxis legen. Das Buch soll allen Eltern unmittelbar Zugang und Hilfe bieten, unabhängig vom jeweiligen Bildungsstand. Es soll Sie nicht führen, sondern Ihnen als Begleiter dienen, wenn Sie Ihre Neugier auf die Talente und Leistungen Ihrer Kinder und Ihr Interesse auf die notwendigen Lernhilfen richten. In Ihren Kindern schlummern Qualitäten und Fähigkeiten, die bisher niemand erkannt hat. Wir bieten Ihnen dieses Buch als einen Verbündeten an, der Ihnen und allen, die mit Ihren Kindern zu tun haben, hilft, deren einzigartige Fähigkeiten zu entdecken und zu erkennen, auf welche Weise Ihre Kinder gescheit sind.

Dawna

Ich habe mich fast 50 Jahre lang mit dem Lernen beschäftigt: als Schülerin, als Lehrerin, als Mutter, als Psychotherapeutin und als Erziehungsberaterin. Ich habe als Lehrerin, als Lerntrainerin, in der Lehrerausbildung, als Ausbildungskoordinatorin und Schulpsychologin gearbeitet. Besonderen Spaß hatte ich an der Arbeit mit den Jugendlichen, die sonst niemand unterrichten wollte, mit den sogenannten hoffnungslosen Fällen. Anstatt sie aufzugeben, habe ich versucht ihnen beizubringen, wie sie ihren eigenen Geist gebrauchen und ihm vertrauen können.

Seit meinem Buch *Die Entdeckung des Möglichen. Wie unterschiedlich wir denken, lernen und kommunizieren* haben mich viele Eltern, die wissen wollten, wie sie ihre Kinder verstehen und von ihren Kindern verstanden werden können, sehr nachdrücklich um Auskunft gebeten. Diese Eltern hatten das Gefühl, daß die Schule als Bildungsinstitution versagte, und sie beklagten sich, daß auch die Kinder, die in der Schule erfolgreich zu sein schienen, nur einen geringen Teil ihrer Fähigkeiten einsetzten und schnell ihre Selbstachtung verloren, resignierten und zynisch wurden.

Das Wohl der Kinder liegt mir sehr am Herzen. Ich finde es unerträglich, was wir ihnen in unseren Schulen antun. Deshalb weigere ich mich, noch länger zu warten, bis die Dinge sich vielleicht bessern oder jemand anders etwas tut.

Ich engagiere mich, um Menschen jeden Alters zu helfen, ihre inneren Ressourcen zu finden und zu gebrauchen. Ich möchte Eltern helfen, damit diese ihren Kindern dabei helfen, ihren Geist umfassend, kreativ und voller Freude einzusetzen, ohne daß dieser mißbraucht, herabgewürdigt oder verleugnet wird.

Anne

Meine große Liebe zu Kindern, mein Respekt für sie und meine leidenschaftliche Überzeugung, daß Lernen ein lebenslang stärkender Prozeß sein kann, haben mich dazu veranlaßt, dieses Buch zusammen mit Dawna zu schreiben. Ich bin Mutter eines Sohnes und verfüge über eine zehnjährige Berufserfahrung als Lehrerin. Als Ausbilderin bemühe ich mich sehr darum, anderen Lehrern jenes Wissen zu vermitteln, aufgrund dessen man das Selbstgefühl von Kindern zum Positiven verändern kann. Ich weiß aber auch, wie frustrierend es ist, wenn man versucht, in all den genannten Rollen dauerhafte Veränderungen zustandezubringen, insbesondere in einem überlasteten Bildungssystem.

In den letzten fünf Jahren habe ich, mit Dawnas Unterstützung und unter ihrer Führung, mehreren hundert Menschen ihre individuellen Denkmuster vorgestellt. Mit Hilfe eines Stipendiums vom *Commonwealth Inservice Institute* konnte ich mit Klassenlehrern, Sonderschullehrern und dem Schulpsychologen der *Brimfield Elementary School* in Massachusetts arbeiten. Die Lehrer lernten dabei nicht nur die Denkmuster ihrer Schüler kennen, sondern auch, die Stunden so zu planen, daß der Unterricht den vielfältigen Bedürfnissen der Schüler entsprach. In Dracut (Massachusetts) unterrichtete ich Lehrer an Grund- und weiterführenden Schulen im Rahmen eines Kurses zur Verhinderung von Suchtmittelmißbrauch, den ein örtliches College veranstaltete. In nur drei Sitzungen gelang es uns, den Lehrern genügend Erkenntnisse darüber zu vermitteln, wie sie in ihrem Unterricht die betroffenen ‚Problem'schüler besser motivieren konnten.

Bei meiner Arbeit mit Einzelpersonen, Eltern und ihren Kindern, Lehrern und Verwaltungsleuten habe ich immer wieder erfahren, wie drängend der natürliche Wunsch der Menschen ist, sich selbst und andere zu verstehen. Die Annahme, daß Eltern und Lehrer Gegner seien, ist falsch, menschenunwürdig und schwächt uns alle. Meine Erfahrungen zeigen mir deutlich, daß einleuchtende, leicht verständliche Informationen uns helfen können, den Weg zu finden, der uns zu Mitgefühl und gegenseitiger Unterstützung zurückführt. Diese Informationen können uns in unserem gemeinsamen Ziel, die geistige Entfaltung unserer Kinder zu unterstützen, zusammenführen.

Wenn Sie dieses Buch lesen, werden Sie mehr darüber erfahren, wie Ihr Kind lernt. Sie werden viel von dem, was Sie bereits über den Geist Ihres Kindes wissen, wiederfinden, es in einem neuen Licht betrachten, den Mut und das nötige Taktgefühl aufbringen, Ihr Wissen mit dem Lehrer Ihres Kindes zu teilen. Und ich hoffe, daß auch die Lehrer lernen werden, an den Kindern in ihrer Klasse Freude zu haben und deren Potential zu maximaler Entfaltung zu bringen.

Unser gemeinsames Ziel

Es ist keine Frage, daß das Erziehungssystem unseres Landes in einer tiefen Krise steckt. An Lösungsvorschlägen von Experten besteht kein Mangel. Im Grunde genommen sind wir jedoch davon überzeugt, daß unsere Schulen versagen, weil die Lehrer nicht wissen, wie das Lernen erleichtert werden kann. Lernen heißt nicht nur, neue Informationen aufzunehmen – dies ist nur ein kleiner Teil davon. Lernen bedeutet darüber hinaus, den Kindern dabei zu helfen, die nötigen Fähigkeiten zu erwerben, um das Leben erfolgreich zu bewältigen. Es bedeutet, sie zu lehren, ihrem eigenen Geist zu vertrauen. Sie erschließen sich damit neue Möglichkeiten der Kreativität und Differenzierung und werden ‚beziehungsfähig'.

Um den Dingen eine Wendung zu geben, müssen Eltern und Lehrer sich nicht weiter als Lernexperten verstehen, sondern beim Lernen lediglich Hilfestellung bieten. Wir alle müssen uns darauf konzentrieren zu lernen, wie unsere Kinder lernen, statt zu versuchen, ihren Geist zu kontrollieren, damit er Informationen aufnimmt, die schon veraltet sind, bevor sie überhaupt in vorhandenes Wissen integriert werden können. Und das heißt, daß wir anfangen müssen, die verschiedenen Wege, auf denen Kinder lernen, zu erkennen, zu achten und zu schätzen.

In einer Zeit, in der die Schulen versagen und den Schülern vieles vorenthalten wird, können Sie nicht länger mit den Schultern zucken oder auf jemanden warten, der sich genügend Sorgen macht, um den Geist Ihrer Kinder zu beschützen und zu stärken. Es ist heute entscheidender denn je, daß Eltern eine Schlüsselrolle bei der Erziehung und Bildung ihrer Kinder übernehmen.

1

Ein kleiner Unterschied und seine Folgen

Wir unterdrücken unsere Kinder, und wenn sie dann ihr natürliches Interesse am Lernen verloren haben, werden ihnen spezielle Kurse angeboten, die ihnen aus ihren schulischen Schwierigkeiten helfen sollen.
Alice Miller

Als Eltern brauchen Sie Nerven wie Drahtseile. Sie müssen wissen, in welcher Situation Sie ‚dranbleiben', aber auch, wann Sie sich zurückhalten und loslassen sollten, wann Ihre Kinder Ermutigung oder Informationen brauchen und wann Ihnen Raum für Fehler eingeräumt werden sollte. Sie müssen wissen, daß Ihr Kind fallen und trotzdem überleben kann. Und Sie müssen die Fähigkeit besitzen, das Selbstvertrauen Ihres Kindes zu stärken.

Vor vielen Jahren hörte ich eine ergreifende Geschichte von Elisabeth Kübler-Ross, einer beeindruckenden Frau, die sehr viel mit Todkranken arbeitet. Sie erzählte von einem Elternpaar, dessen jüngster krebskranker Sohn wußte, daß er sterben mußte. Sein größter Wunsch bestand darin, vor seinem Tod einmal alleine mit seinem Fahrrad ohne Stützräder um den Block zu fahren. Kübler-Ross beschrieb, wie die Eltern mit angehaltenem Atem an der Einfahrt standen, die Hände krampfhaft vor der Brust verschränkt. Als ihr schwaches, verletzliches Kind stürzte, wieder auf das Rad stieg, wenige Meter radelte und wieder stürzte, wußten sie, daß sie sich zurückhalten mußten.

Häufig bewältigen wir die Herausforderung, die ein Kind bedeutet, nur mit Mühe, ohne Unterstützung oder Vorbereitung. Es gibt so wenige Leitlinien, denen man folgen könnte, denn die Welt ändert sich genausoschnell wie unsere Kinder, und die alten Regeln gelten einfach nicht mehr. Skateboards sind etwas ganz anderes als Zweiräder, und Rollerblades etwas anderes als Rollschuhe. Wie unterstützen, leiten und ermutigen wir unsere Kinder am besten, damit sie auch bei starkem Gegenwind zurechtkommen? Wie können wir ihr Vertrauen in sich selbst soweit stärken, daß sie auch die größten Schwierigkeiten zu bewältigen in der Lage sind?

Diese Fragen werden Ihnen keine Ruhe mehr lassen, sobald Ihre Kinder geboren sind. Und der Druck wird stärker, wenn sie in die Schule kommen. Werden sie gefordert werden? Können sie das lernen, was sie fürs Leben brauchen? Werden sie so gut, so intelligent und talentiert sein wie andere Kinder? Wird der Lehrer freundlich zu ihnen sein? Werden sie sich sicher fühlen? Sollen Sie sich einmischen? Wenn ja, wie weit? Ist es richtig, Kinder anzutreiben, zu zwingen, sie zu bearbeiten und dazu zu bringen, das zu tun, was von ihnen verlangt wird? Werden Ihre Kinder ihre Einzigartigkeit opfern müssen, damit sie etwas lernen? Werden sie zur Unfähigkeit erzogen, so daß sie nichts mehr aus eigener Kraft schaffen? Wird in der Schule erkannt werden, auf welche Weise Ihre Kinder gescheit sind? Sollten Sie es den Lehrern erklären?

Was Ihre Aufgabe noch erschwert, ist die Tatsache, daß Sie sich als Eltern bei genau der gleichen Sache jedem Kind gegenüber anders verhalten müssen. Als mein Neffe Jimmy radfahren lernte, sollten wir ihm jeden einzelnen Schritt zeigen – wohin man die Füße setzt, wie man die Pedale tritt und wie man die Lenkstange hält. Dann wollte er in Ruhe gelassen werden, um ein Stück die Straße entlangzuradeln. Seinem älterer Bruder Tom dagegen war es wichtig, alles alleine herauszufinden. Er wollte keine Anleitungen hören und statt dessen lieber sein Abenteuer erleben. Er war bereit, so oft zu fallen, bis er radfahren konnte, und er erwartete Beifall und Ermutigung, als er zurückkam.

Wir erkennen ganz instinktiv, wie unterschiedlich Kinder lernen, aber wenn wir sie zur Schule schicken, merken wir nicht, daß diese Unterschiede darüber entscheiden, ob die Kinder schulischen Erfolg haben werden oder nicht.

Während meiner Arbeit als Lerntrainerin saß ich eines Tages im Büro des Direktors und trank Kaffee aus einem Plastikbecher. Ein

Schüler der neunten Klasse hatte Schwierigkeiten in Englisch und Sozialkunde. Beim Schulpsychologen hatte er einen dreistündigen Test absolviert. Nach vier Wochen stand das Ergebnis fest und alle, die in diesem Schuljahr mit ihm arbeiteten – Klassenlehrer, Tutor, der Vertreter des Direktors und ich – sollten nun davon unterrichtet werden.

Die Metallbrille rutschte dem Psychologen immer wieder die schmale Nase hinunter, während er seine Ergebnisse in Prozenten, Mittel-, Normalwerten und Defiziten zusammenfaßte. Er sah während seines Berichts nie von seinen Tabellen und Aufzeichnungen auf. Nach einer Stunde wußten wir genau, in welchen Bereichen der betreffende Schüler unterdurchschnittliche Leistungen brachte. Ich konnte nur mit Mühe ein Gähnen unterdrücken.

Schließlich sagte ich: „Entschuldigen Sie, Herr Baron, aber könnten Sie uns bitte auch die Stärken dieses Jungen nennen?“

Sie müssen kein Psychologe sein, um zu erkennen, daß diese Frage Herrn Baron nicht gefiel. Er räusperte sich, richtete seine goldenen Manschettenknöpfe gerade und erklärte, daß dieser Schüler viele Probleme habe und außerdem sein häusliches Umfeld alles andere als ideal sei.

„Ja“, erwiderte ich, „doch stimmen Sie mir sicher darin zu, daß es hilfreich wäre, wenn wir über einige seiner Stärken und Pluspunkte Bescheid wüßten. Dann könnten wir ihm helfen, seine Schwierigkeiten zu überwinden.“

Herr Baron warf mir über seine Brille hinweg einen bösen Blick zu und antwortete knapp, er werde diese Sache bei der nächsten Sitzung vier Wochen später erörtern. Diese Diskussion fand nie statt.

Aufgrund dieses und vieler ähnlicher Vorfälle fühlte ich mich am Ende des Schuljahres wie niedergebügelt. Ich verließ die öffentliche Schule.

Als ich fünf Jahre später dorthin zurückkehrte, geschah dies nur, weil ich vorübergehend Arbeit brauchte. Doch allmählich begriff ich, daß die geistige Leistungsfähigkeit so etwas ist wie der Grundwasserspiegel unter der Erdoberfläche. Er ‚gehört‘ niemandem, aber jeder kann lernen ihn anzuzapfen.

Ich wollte nicht wieder als Lehrerin arbeiten. Aber ich war bedrückt wegen der Diagnose der Ärzte – daß ich unheilbar krank sei. Ich wollte einfach nur einen Job, um die Miete und die Hamburger und die Cornflakes für meinen Sohn David zu bezahlen. Ich ging zur örtlichen Mittelschule und fragte nach einer Stelle als Vertretungslehrerin. Der Vertreter des Direktors trug einen sorgfältig gestutzten Schnurrbart und war stocksteif. Er versprach mir, mich anzurufen, wenn er eine freie Stelle hätte. Als ich gerade gehen wollte, räusperte er sich und rief mich zurück. Er las in meinem Lebenslauf und murmelte etwas von meiner Erfahrung mit ‚Problem'schülern. Ich erklärte, daß ich nur vorübergehend zur Verfügung stünde. Herr West berichtete von einer Versuchsklasse mit Schülern der siebten, achten und neunten Klassenstufe.

„Um ehrlich zu sein", sagte er, „wir haben hier einfach alle Schüler zusammengewürfelt, mit denen die Lehrer nicht fertiggeworden sind. Einer der Lehrer erlitt einen Zusammenbruch. Seitdem hatte ich in vier Wochen sechs verschiedene Vertreter. Ich hatte auf einen starken, männlichen Typ gehofft, aber Sie haben ja Erfahrung mit Schülern in Harlem. Aber Sie sehen nicht sehr kräftig aus. Können Sie zufällig Karate?"

Ich konnte nicht Karate, aber ich wußte, was da vor sich ging. 95 Prozent der Schüler gehörten zur oberen Mittelschicht, ihre Eltern waren Professoren an der nahen Elite-Universität. Die Kinder *dieser* Klasse kamen von den umliegenden Farmen und aus der Siedlung um den Bahnhof, wo die Gärtner, Tankwarte und Angestellten des örtlichen Supermarktes wohnten.

Ich war über mich selbst erstaunt, als ich diesen Job sofort annahm. Wahrscheinlich glaubte ich, damit den Schmerz vergessen zu können, der meinen Körper beherrschte. Und außerdem, was hatte ich zu verlieren? Ich hatte noch drei Monate zu leben, zumindest hatten die Mediziner das gesagt. Ich hatte mehr zu fürchten als einen Haufen Teenager, die von Hormonen geplagt wurden.

Als ich das Klassenzimmer betrat, dröhnte aus mindestens acht Ghettoblustern gleichzeitig unterschiedliche Musik in voller Lautstärke. Einige Mädchen tanzten oder verrenkten sich in seltsamen Stellungen auf ihren Pulten. Verschiedene Paare knutschten, fummelten und vergnügten sich unter den Bänken. Der Rest drückte sich in den Ecken herum. Alle zusammen machten auf mich den Eindruck eines großen Ungeheuers, das von Fliegen geplagt wird.

Im Klassenzimmer gab es keine Fenster. Ich machte das Neonlicht aus. Ich hatte gerade einen Artikel gelesen, in dem behauptet wurde, daß Kinder davon hyperaktiv würden. Diese Schüler hier waren hyperaktiv genug.

Als das Licht ausging, wurde es dunkel im Zimmer. Mir fiel nichts Besseres ein, als mich auf den Fußboden zu setzen. Eine Zeitlang tat das Ungeheuer so, als sei ich nicht vorhanden. Erst nach vier Minuten nahmen die Schüler mich wahr. Jemand rief: „Hallo Lady, was machen Sie da auf dem Fußboden?“ Ich atmete nur. Mir fiel keine Antwort ein. Weitere Minuten verstrichen. Zwei Mädchen gingen herum und stellten die Ghettobluster ab. Niemand machte das Licht wieder an. Warum, weiß ich nicht. Das große Ungeheuer wandte sich mir zu und öffnete das Maul. „Lady, wir haben Sie gefragt, warum Sie auf dem Boden sitzen. Es wäre besser, wenn Sie uns antworten, wir haben schon sechs Lehrer geschafft, blödes Stück.“

Die Worte sprudelten aus mir heraus: „Ich brauche das Geld.“

Das war alles. Mein Stimme hallte von den Wänden wider. Dann ließ sich der Großteil der Horde voller Neugier um mich herum nieder.

Und ich tat, was ich immer tue, wenn ich Angst habe, ich begann schnell zu sprechen. „Ich habe früher gerne unterrichtet. Ich habe Schüler gerne soweit gebracht, ihren eigenen Geist zu benutzen. Aber ich würde lügen, wenn ich behaupten würde, daß ich deshalb hier bin.“ Damit hatte ich ihre Aufmerksamkeit gewonnen. Lehrer geben nie zu, daß sie lügen.

„Im Moment habe ich schreckliche Angst. Ich werde wahrscheinlich genauso oder noch ärger versagen als die anderen Vertretungslehrer. Aber ich brauche das Geld.“

Das war die Wahrheit, und sie wußten es. Darauf fiel ihnen nichts mehr ein. Sie waren einfach ruhig und hörten zu.

„Man hat euch alle hierher verfrachtet, weil man euch für Versager hält. Nun, dazu gehöre *ich* auch, ich bin eine noch größere Versagerin als ihr. Ich werde in drei Monaten tot sein. Das ist die Wahrheit. Ich bin hier, um Geld zu verdienen, damit mein Sohn und ich bis dahin etwas zu essen haben.“

Ich schwieg und atmete mehrmals tief durch. Einige der Jugendlichen schienen mit mir zu atmen. „Vielleicht wißt ihr dann, wenn ich gehe, auch nicht mehr als jetzt, und ich bin daran schuld. Es tut mir leid, daß ihr das Pech habt, mich als Lehrerin zu bekommen. Aber wir sitzen im selben Boot: Ihr sitzt einfach eure Zeit ab, bis ihr abgehen könnt, und ich bringe die Zeit herum, bis ich gehen *muß*.“

Mehrere Minuten herrschte Schweigen, dann war Füßescharren und Räuspern zu hören. Die Schüler wußten nicht, wie sie mit mir umgehen sollten. Von Lehrern konnte man nicht erwarten, daß sie die Wahrheit sagten, Fehler zugeben konnten, die Schuld auf sich nahmen, sich bei den Schülern entschuldigten oder im Dunkeln auf dem Fußboden saßen und ihren Tod ankündigten.

Ich nahm eine gelbe Minitaschenlampe und ein Buch aus meiner ledernen Handtasche und fing an zu lesen, ohne auf das murmelnde Ungeheuer um mich herum zu achten. Denise, eine Schülerin mit glatten, langen blonden Haaren und schwarzbestrumpften Beinen unter ihrem Mini-Jeansrock, fragte mich, was ich da lese. Ich antwortete, dies sei *Das Tagebuch der Anne Frank* und handle von einem Mädchen, das sich im Zweiten Weltkrieg in einer Dachkammer versteckt hatte. Ich berichtete, daß sie jede Nacht im Dunkeln verbringen mußte, damit die Nazis ihre Familie nicht aufspürten. Ich begann laut zu lesen.

Als ich nach 65 Minuten aufschaute, erkannte ich, daß das Ungeheuer sich umgedreht hatte und mit dem Bauch nach oben lag, damit man es kraulen konnte. Alle saßen mit entspannten Gesichtern und halb geschlossenen Augen da. Wir waren alle gemeinsam bei Anne in der dunklen Dachkammer gewesen. In den folgenden Wochen klärte mich der Psychologe darüber auf, daß diese Jugendlichen sich maximal zehn Minuten konzentrieren könnten. Ganz offensichtlich galt dies für den Fall, daß sie sich langweilten. Alle sprachen immer nur davon, wie unfähig die Jugendlichen waren, aber im Grunde demonstrierten diese Leute ihre eigene Unfähigkeit, das Interesse der Schüler zu wecken.

Anstatt mich also auf das zu konzentrieren, was die Schüler nicht konnten, saß ich oft lange auf der Kante des Metallpultes und war einfach neugierig. Ich vergaß, was mit diesen Schülern nicht in Ordnung sein sollte. Sie fühlten sich vielleicht in der Welt geschriebener Worte verloren, aber es gab andere Welten, in denen ihre verschiedenen Begabungen zählten. Die üblichen IQ-Tests zeigten mir, wie wenig ‚intelligent' im landläufigen Sinn sie waren, aber wenn ich bereit war, ihnen still zuzuhören, wurde offensichtlich, wie gescheit diese ausgesonderten, behinderten, legasthenischen Kinder tatsächlich waren.

Ich stellte mich auf den Geist dieser Jugendlichen ein. Abends verbrachte ich einige Zeit damit, die Augen zu schließen und so wie Joe herumzuzappeln. Ich hörte, wie andere etwas zu mir sagten und vergaß sofort, was sie gesagt hatten, so wie es Samantha oft passierte. Anstatt jeden Abend die Schülerakten mit nach Hause zu nehmen, beschäftigte ich mich innerlich intensiv mit jeweils einem Kind.

Diesen Jugendlichen war nicht mit einer Gebrauchsanweisung beizukommen, und da es für sie offensichtlich keine ‚richtige' Unterrichtsmethode gab, experimentierte ich einfach. Joe war dreizehn und als Legastheniker eingestuft worden, was einfach hieß, daß er nicht lesen konnte. Nachdem ich einen Abend mit ‚Denken-wie-Joe' verbracht hatte, erkannte ich, daß er sich seines Körpers sehr bewußt und sein Tastsinn gut entwickelt war. Einige Tage später wurde er bei einer Explosion verwundet und erblindete. Paradoxerweise lernte er nach dem Verlust seines Sehvermögens leichter lesen als zuvor. Ich bat einen blinden Studenten von der High-School, mir und Joe die Blindenschrift beizubringen. Joes Finger lernten viel besser als meine. Nach einigen Monaten las er zum erstenmal in seinem Leben fließend. Er gab sogar dem Spezialisten für Legastheniker Nachhilfe in Blindenschrift!

Ich fragte nach, warum so viele von den Jugendlichen Ritalin bekamen. Der Schulpsychologe erklärte mir geduldig, daß Ritalin auf hyperaktive Kinder einen dämpfenden Effekt habe. Während es bei Erwachsenen mehr wie Koffein wirke und sie munter mache, bremse es überaktive Kinder, und diese seien dann angeblich in der Lage, sich über längere Zeit zu konzentrieren. Ich erwiderte, daß ich in Untersuchungsberichten gelesen hätte, Ritalin könne schädliche Nebenwirkungen haben und die körperliche Entwicklung beeinträchtigen. Außerdem sei es überflüssigerweise auch bei Jugendlichen angewendet worden, die eigentlich nur Lernpraxis und Bewegung gebraucht hätten. Ich schlug vor, nicht nur Medikamente zu verabreichen, sondern darüber hinaus oder statt dessen andere Möglichkeiten zu suchen, um den Kindern bei der Erfüllung ihrer Aufgaben und beim Kommunizieren zu helfen.

Immer wieder wurde mir gesagt, die Schüler in meiner Klasse seien aufsässig. Wenn ich jedoch ihre Aufmerksamkeit auf etwas lenkte, woran sie Interesse hatten, wenn ich ihnen zeigte, wie sie ihre geistigen Kapazitäten nutzen konnten, oder wenn ich ihnen dabei half, ihre Fortschritte richtig einzuschätzen, dann leisteten sie keinen Widerstand. Ihre Testergebnisse verbesserten sich, zunächst langsam und dann stetig und immer schneller.

Einige Mitglieder der Schulbehörde beschwerten sich, daß meine Methoden so unkonventionell und deshalb wohl falsch seien. Für sie bedeutete „anders" von vornherein „falsch". Der Vertreter des

Direktors kam zur Beobachtung in meine Klasse. Eine Schülergruppe war verkleidet als „The Mamas and The Papas“, eine bekannte Rockgruppe. Die Schüler sangen die Wörter, deren Rechtschreibung sie lernen mußten, auf ein Tonband. Eine andere Gruppe baute eine Druckerpresse für die Klassenzeitung (in einer erfundenen Geheimsprache). Ein junger Mann schlug in der Ecke gegen einen Sandsack, der von zwei anderen Jungen gehalten wurde. Zwei Mädchen lagen gemütlich unter meinem Pult und lasen einer anderen Schülerin vor. Ein Junge trug um den Hals ein Schild mit der Aufschrift „Laßt mich in Ruhe, ich habe heute frei“. Er hatte die Arme bis zu den Ellenbogen in Töpferton gesteckt. Als um drei Uhr die Klingel ging, rannte niemand zur Tür; es war überhaupt keine Bewegung auszumachen. Aber das stimmt nicht ganz. Herr West eilte zu den Schulbussen hinaus und kratzte sich dabei verwirrt am Kopf.

Niemand aus diesem Klassenzimmer versagte. Ich starb nicht. Shirley lernte lesen, Peanuts lernte richtig schreiben, Danny multiplizieren. Ich mußte ihnen nichts aufoktroyieren, um sie zum Lernen zu bewegen. Meist war ich damit beschäftigt, die Hindernisse zu entfernen, die zwischen diesen Jugendlichen und ihren inneren Ressourcen standen. Vielleicht haben meine Schüler bei mir manches *ver*lernt.

Letztlich habe ich aber doch versagt. Das Leuchten, das ursprünglich aus den Augen meiner Schüler strahlte, als sie in die Schule kamen, war unwiederbringlich verschwunden. Nicht nur ihre Akten, auch ihr Geist war mit Beschreibungen ihrer Defizite, ihrer Behinderungen und Schwierigkeiten gefüllt worden, so daß diese ‚Mängel‘ schließlich zu sich selbst erfüllenden Prophezeiungen wurden. Danny verließ die Schule zwei Jahre später, ging zu den Marines und wurde in Vietnam getötet. Peanuts kam mit siebzehn ins Gefängnis, und Shirley wurde mit fünfzehn schwanger und arbeitet wahrscheinlich immer noch an der Kasse des örtlichen Supermarkts.

Nach all diesen Jahren, die ich mit Kindern in öffentlichen Schulen und mit Erwachsenen in meiner Privatpraxis und in Seminaren gearbeitet habe, ist mir eins klargeworden: Ein Großteil der sogenannten psychologischen Probleme oder Lernbehinderungen wird in Wirklichkeit dadurch verursacht, daß wir nicht verstehen, wie der Geist von Kindern arbeitet. Wir alle denken und lernen auf unterschiedliche Weise, und um unsere Kinder angemessen auszubilden, müssen wir ihre geistigen Modalitäten kennenlernen.

Ich möchte Ihnen von einem Jungen berichten, der mir viel darüber beibrachte, wie ich Kindern beim Lernen helfen kann. Er hieß Jerome, war vierzehn und ging in die sechste Klasse. Er lebte mit seiner Tante und zwei Schwestern in einem Wanderarbeiterlager in einer kleinen Stadt in Florida. Ich war dort Schulpsychologin und hatte mein Büro in einer ehemaligen Besenkammer. Jerome wurde zu mir geschickt, weil er nicht lesen konnte und niemand etwas mit ihm anzufangen wußte.

Glaubte man seiner Akte, war er nur eingeschränkt lernfähig, was hieß, daß man gar nicht erst versuchen sollte, ihm das Lesen beizubringen. Er war sehr groß für sein Alter, und aus seinen braunen Augen sprach sowohl der Unruhestifter als auch das Opfer. Er sagte mir gleich am ersten Tag, daß ich mir keine Mühe geben sollte, ihm etwas beizubringen, da er nie etwas lernen würde. Das war eindeutig. Und es war eine Herausforderung. Von einigen anderen Jungen hörte ich, daß Jerome im Lager der beste Schachspieler sei. Jeder weiß, daß man nicht Schach spielen kann, wenn man dumm ist. Eines Abends beobachtete ich Jerome beim Spiel, was offensichtlich sehr ungewöhnlich war. Kein weißer Lehrer hatte je einen Fuß in das Lager gesetzt. Ich traf Jerome von einer kleinen Gruppe umgeben. Sein Gegner war ein Mann in den Vierzigern. Alle außer unserem Helden, der auf und ab ging, saßen auf Kisten. Niemand gab einen Laut von sich. Jerome richtete seine Augen auf das Brett, trat einen Schritt vor, machte seinen Zug und sagte dann „schachmatt“.

Ich war fasziniert. Mehrere Tage lang versuchte ich, Jeromes Denkweise nachzuvollziehen. Schließlich nahm ich ein großes Buch mit einem in Goldbuchstaben gesetzten Titel mit in mein Büro: *A Black History of America*. Jerome hatte nie ein Buch mit Fotografien schwarzer Amerikaner gesehen. Er tat alles mögliche, um mich zum Vorlesen zu überreden. Schließlich bot ich ihm an, unter folgenden Bedingungen mit ihm Schach zu spielen: Sollte er gewinnen, würde ich ihm das Buch vorlesen. Würde ich ihn besiegen, müßte er lesen lernen, auch wenn es ein Jahr dauerte.

Es muß göttliche Fügung im Spiel gewesen sein. Ich war Anfängerin im Schach, Jerome dagegen ein Meister, aber ich gewann dieses Spiel. Wir brauchten das ganze Schuljahr, aber danach konnte Jerome lesen. Er hatte herausgefunden, auf welche Weise er Schach spielen gelernt hatte und mir davon erzählt: „Ich muß aufstehen und herumgehen. Und alles muß ganz ruhig sein, sonst kann ich nicht denken. Und ich muß mit meinen Augen beständig auf eine Sache blicken, nur auf eine Sache, zum Beispiel das Schachbrett. Dann muß ich die Augen schließen und es in meinem Geist sehen, dann höre ich da drinnen, was ich tun muß."

Um ihm das Lesen beizubringen, mußte ich nur demselben Muster folgen. Schluß also mit Phonetik! Statt dessen buchstabierte ich ihm die Wörter laut vor, während er sich mit geschlossenen Augen bewegte, und dann malte ich sie mit dem Finger auf seinen Rücken oder in seine Hand. Er sprach mir nach, während er ins Buch sah. Dann schrieb er die Wörter auf Papier. Zunächst war das mühsam, aber Jerome lernte schnell. Und er lehrte mich genauso viel wie ich ihn. An seinem letzten Schultag verschwand er und ließ mir das Buch zurück. Seine Schwester erzählte mir, er habe Angst gehabt, das Buch könne gestohlen werden, und das hätte ihm allzu weh getan. Jerome schrieb mir folgendes Gedicht:

„Ich weiß nicht
wie ich sie zeigen soll
die Freude darüber
daß jetzt in Ordnung ist
was nicht in Ordnung war
oder was auch immer
sie über meinen Kopf sagten.
Danke."

Fünf Jahre nachdem Jerome mit jenem Buch das Lesen gelernt hatte, verließ ich den öffentlichen Schuldienst endgültig, wenn auch mit schmerzlichen Gefühlen. Doch wenn ich nach meinem Beruf gefragt werde und danach, ob ich Psychologin sei, antworte ich immer noch: „Nein, ich bin Lehrerin." Ich habe die Schule verlassen, weil ich dort nicht überleben konnte. Es kam mir so vor, als versuchte ich, in einem Ofen mit aufgedrehtem Gashahn die Leute tief durchatmen zu lehren.

Danach hatte ich Eltern, Berater, Sozialarbeiter, Lehrer und Psychotherapeuten in meinen Kursen. Jetzt habe ich mich entschieden, mich wieder dem US-amerikanischen Bildungssystem zuzuwenden, da ich Jeromes Geschenk an mich an andere weitergeben möchte – die Erkenntnis, daß Menschen auf verschiedene Weise lernen. Eines

Tages wird irgendein Leser dieses Buches mit einer Schwester, einem Neffen oder einem Bruder von Jerome arbeiten. Dann wird sich der Kreis schließen.

Jeder von uns geht seinen eigenen Weg beim Lernen. Ich nenne den je eigenen Prozeß, Informationen aufzunehmen, sie zu speichern, sie wieder aufzurufen und zum Ausdruck zu bringen, unser „persönliches Denkmuster“.

Wenn Sie das Denkmuster Ihres Kindes verstehen und ihm helfen, Zugang zu seinen Fähigkeiten zu finden, ist das genauso wertvoll wie Ihre Kenntnisse über Geldautomaten, die es Ihnen ermöglichen, Geld vom Konto abzuheben. Das Verstehen von Denkmustern kann Ihren Kindern helfen, ihr Wissenspotential zu erkennen und zu lernen, was immer sie zu lernen vermögen.

2

Den Geist Ihres Kindes regenerieren

Es ist tatsächlich ein Wunder, daß die modernen Unterrichtsmethoden die heilige Neugier auf Nachforschungen nicht vollständig stranguliert haben.

Albert Einstein

So wie Dorothy und ihre Begleiter sich im Musical auf den Weg machten, um den Zauberer von Oz zu finden, so schicken Sie Ihre Kinder zur Schule und hoffen, daß sie dort ihr Herz, ihren Geist, ihren Mut, ihren Zauber und den Weg nach Hause finden. Zu oft, allzuoft stoßen sie statt dessen auf die böse Hexe oder auf einen schwächlichen Zauberer, der hinter einem Vorhang versteckt die Fäden zieht. Nicht selten mißraten seine Zaubertricks.

Anstatt sie aufzubauen und zu ermutigen, anstatt sie in der Entwicklung ihrer natürlichen Ressourcen zu fördern und ein Lernklima zu schaffen, in dem sie gedeihen und sich selbst verändern können, wird Ihren Kindern zugemutet, ihr Wesen zu verändern. Ihr Glaube an die eigenen Fähigkeiten wird gebrochen, und sie werden dazu gebracht, an ihrem Verstand zu zweifeln.

Das ist eine Tragödie, denn die wichtigste Grundlage für den Lernerfolg ist Selbstachtung. Und Selbstachtung entsteht aus dem Vertrauen heraus, daß Ihr eigener Geist vollbringen kann, was für Ihr Leben entscheidend ist. Auf ganz praktische Weise sollte man in der Schule lernen, den Zugang zur eigenen Intelligenz zu finden, diese zu erweitern und zu vertiefen. Wenn man die Schule verläßt, sollte das Vertrauen in die eigenen Fähigkeiten größer sein als vorher und nicht kleiner.

Es ist an der Zeit, die traditionelle Bildungspolitik um Methoden zu erweitern, die die Unterschiedlichkeit von Kindern berücksichtigen und diese lehren, wie sie ihr geistiges Potential am besten nutzen können.

Dazu muß man herausfinden, wie es dazu kam, daß der Geist Ihrer Kinder verkümmerte. Diese Suche ist aufwühlend. Ich beginne meine Erörterung ungern mit solch unangenehmen Dingen, aber ich verspreche Ihnen, es nicht dabei bewenden zu lassen.

Ich möchte Ihnen dabei helfen zu begreifen, was mit dem Geist Ihres Kindes geschieht, wenn es vom Bildungsprozeß erfaßt und durch ihn hindurchgetrieben wird. Wenn Sie die Richtung und die Stärke dieses Sturms kennen, wissen Sie genug, um herauszufinden, was Sie tun können, um Ihren Kindern Schutz zu gewähren. Ich hoffe, daß Sie auch darin bestärkt werden, sich mit anderen Eltern zusammenzuschließen, um das äußerste an Verbesserungen herauszuholen.

Als ich selbst zum erstenmal als Schülerin ein Klassenzimmer betrat, hatte ich schreckliche Angst und war wie elektrisiert. Nicht anders erging es mir bei meinem Debüt als Lehrerin oder als Mutter, die ihr Kind der Schule überläßt. Am klarsten in Erinnerung habe ich die Energie der Kinder, die sich innerhalb der vier Klassenwände staute. Soviel Leben und Licht. Die Luft war erfüllt von pulsierendem Leben und vibrierender Neugier. Die Kinder benahmen sich wie ein Schwarm Bienen auf einer Honigwabe, hielten ihr Lachen nicht befangen zurück, hatten noch keinen Schleier vor den Augen, träumten noch von der Biegsamkeit ihrer Körper und hungerten noch nach Wissen.

Die vielen Jahre, die ich in Bildungseinrichtungen verbracht habe, haben mir gezeigt, daß Kinder von Natur aus lernbegabt sind und daß wir ihnen in der Schule ihre Fähigkeiten nehmen. Kinder sind bei der Einschulung tatsächlich aufgeweckter als am Ende ihrer Schulkarriere. Aufgeweckter: das heißt aufmerksamer, eher bereit zu experimentieren, etwas falsch zu machen und darüber zu lachen, etwas zu riskieren und nach etwas zu streben. Bevor sie in die Schule kommen, bewegen sich Kinder, als gehörten sie auf diese Erde, als gehörten sie sich selbst, als hätten sie Vertrauen in ihren

Geist. Es gibt noch keinen Bruch zwischen ihrer wahren Natur und ihrer Fähigkeit, diese zum Ausdruck zu bringen.

Doch was passiert mit ihrer Neugier und ihrem Wissensdurst? Wie kommt es, daß sich die Kinderaugen nur wenige Jahre später verschleiern, argwöhnisch werden? Wieso erstarren und verschließen sich die Körper von Kindern? Was passiert mit ihren Träumen? Wie kommt es, daß sich eine Ascheschicht über ihre wahre Natur legt und aufoktroyierte Glaubenssätze sie einschränken?

Verantwortlich dafür ist ausschließlich unser Bildungssystem. Es trainiert die Kinder, darauf zu achten, was *nicht* funktioniert, und auf diese Weise lernen sie, ihrer natürlichen Lernfähigkeit zu mißtrauen. Wir bringen sie soweit, daß sie sich selbst mit großem Eifer vom Lernen *abhalten*, und wir legen ihnen dar, was alles bei ihnen nicht in Ordnung ist: Wir beurteilen das Nicht-in-Ordnung-Sein mit roter Tinte. Der Lehrer streicht an, wie viele Wörter im Rechtschreibtest falsch, nicht, wie viele richtig geschrieben sind. Den Kindern wird gesagt, daß sie in Mathe schwach seien. Wir verankern das Bewußtsein für ihre Fehler in ihren Gehirnen. Auf diese Weise bringen wir ihnen bei, das, was sie können, als selbstverständlich zu betrachten und sich statt dessen auf ihre Defizite zu konzentrieren.

Wenn ich eine Gruppe von Schulkindern nach ihren Fähigkeiten frage, beginnen sie unweigerlich zu stottern und antworten dann etwa so: „Ich bin ganz gut in ..., hm, na ja, ich lese gerne Zeitung, und ich weiß etwas über ... Sport, ach ja, ich weiß einiges über die verschiedenen Sportarten."

Wenn ich dieselben Kinder nach ihren Schwächen frage, sprudeln die Worte nur so aus ihnen heraus: „Ich bin sehr schüchtern und kann einfach nicht gut vor Gruppen reden. In Mathe war ich schon immer schlecht, und ich kann nicht die Bohne tanzen. Ich bemühe mich, aber ..."

Das Loch anstelle seiner Umgebung zu sehen, ist in unserer Kultur so üblich, daß wir diese Perspektive für natürlich halten, aber die Arbeitsweise des menschlichen Gehirns leidet darunter. Stellen Sie sich einmal vor, Sie zahlen Ihr Geld auf ein Bankkonto ein, aber wenn Sie Ihre Rechnungen bezahlen müssen, vergessen Sie, daß Sie Ersparnisse haben. Sie haben das Gefühl, arm zu sein, und arbeiten jetzt noch mehr, um mehr Geld zu verdienen, das Sie auf die Bank bringen, aber Sie vergessen wieder, daß Sie am Geldautomaten Geld abheben könnten. Sie haben das Gefühl, nie genug zu haben, und sind davon überzeugt, arm zu sein. Eines Tages möchten Sie vielleicht sogar jemanden anpumpen, der Ihrer Meinung nach mehr hat als Sie selbst. Oder vielleicht sind Sie irgendwann so frustriert, daß Sie einfach ganz aufgeben. Genau das gleiche kann Ihrem Kind in der Schule passieren.

Doch wie sähe die Sache aus, wenn man Sie dazu ermutigte, zunächst einmal festzustellen, was Sie auf Ihrem Konto *haben*? Was wäre, wenn Sie angeleitet würden, in Projekte zu investieren, die Ihnen die Resultate und die Befriedigung verschaffen, die Sie sich wirklich für Ihr Leben wünschen? Was würde sich ändern, wenn man Sie lehrte, statt auf Ihre Fehler zu achten, Ihre Stärken einzusetzen, um Ihre Schwächen zu überwinden? Was wäre, wenn Sie gefragt würden, *wie* Sie gelernt haben, die vier Wörter richtig zu schreiben, die im Test korrekt waren, und wenn man Ihnen mit dieser Methode die 16 anderen Wörter beibrächte, die Sie im Test noch nicht geschafft haben?

Anstatt den Kindern zu zeigen, wie Sie Zugang zu ihrer angeborenen Intelligenz, ihrer natürlichen Neugier, ihrem Staunen, ihrem Mitgefühl und ihrem Engagement finden können, bringen wir ihnen bei, Angst zu haben, wenn sie zugeben, daß sie keine Antwort wissen. Wir ordnen sie automatisch nach ihren Defiziten in Kategorien ein. Wir nehmen an, daß alle Schüler auf die gleiche Weise lernen, und wir betrachten die, die nicht ins Schema passen, als ‚behindert'. Diese Schüler verlassen die Schule im besten Fall gelangweilt, im schlimmsten Fall zerstört und voller Mißtrauen.

Wir halten das inzwischen für normal und glauben, es sei der Preis für das Erwachsenwerden. Wenn der Glanz in den Augen unserer Kinder schwächer wird, wenn die Schultern ängstlich über die Brust gekrümmt werden, dann zucken wir die Achseln und erinnern uns, wie es uns damals ging. Aber muß das wirklich so sein?

Während ihrer Zeit als Lehrerin teilte Anne am Elternabend an alle anwesenden Eltern ein Blatt Papier aus. Oben auf die Seite hatte sie geschrieben: „Bitten Sie mich nicht, Ihre Kinder so zu unterrichten, wie Sie unterrichtet wurden, sondern wie Sie den Unterricht gerne gehabt hätten." Wurden Sie jemals gefragt, wie Ihnen der Unterricht Spaß gemacht hätte oder was sich Ihr Kind wünscht? Mit dieser Frage stieß Anne bei den Eltern auf unbekanntes Terrain. Die meisten von ihnen wußten nicht, wie sie darauf reagieren sollten.

In letzter Zeit werden sich immer mehr Menschen des emotionellen und körperlichen Mißbrauchs bewußt, der vielen von ihnen in ihrer Kinder- und Jugendzeit zugefügt wurde, und die Trauer darüber wächst. Das, was ihnen in der Kindheit angeblich „zu ihrem Besten" widerfuhr (Alice Miller), hat Wunden hinterlassen, die, bildlich gesprochen, mit Schweigen verarztet wurden. Da inzwischen immer mehr Belege für Kindesmißbrauch an die Öffentlichkeit dringen, wächst unser Bewußtsein für das immense Leid, das von Generation zu Generation weitergegeben wurde. Damit erhöht sich auch die Chance zur Veränderung und Heilung der Betroffenen.

Doch die Wunden, die unserem Geist zugefügt wurden, sind noch immer unbekannt oder werden geleugnet. Und wir selbst geben unsere Mißbrauchserfahrungen an unsere Kinder weiter. Sie lernen, aufgrund ihres Versagens zu hassen: sich selbst, die Schule und die Gesellschaft.

Kinder empfinden es als sehr schmerzlich, wenn sie für die ihnen gemäße Art, Informationen aufzunehmen und zu verarbeiten oder ihre Kreativität zum Ausdruck zu bringen, kritisiert, ignoriert oder ausgelacht werden. Auch wenn Schüler die Schule erfolgreich absolvieren und das geforderte Wissen vorweisen können, bezahlen sie dafür mit ihrer Selbstachtung und ihren wahren Fähigkeiten. Eine ausgezeichnete High-School-Schülerin erzählte mir kürzlich, daß sie vor ihren Klassenkameraden heruntergeputzt worden war, weil sie gelesen hatte, anstatt sich eine Sendung im Fernsehen anzuschauen. Ein anderer Schüler berichtete, für ihn sei es selbstverständlich, daß die Schule ihn langweile: „Lernen ist von Grund auf langweilig, das ist einfach so." Eine dritte Schülerin erzählte mir, daß sie immer davon geträumt habe, Krankenschwester zu werden, ihr Berater im ersten Jahr jedoch gemeint habe, daß „ihre Begabung dafür nicht reicht". So habe sie eine Ausbildung als Sekretärin gemacht.

Welche Fähigkeiten schlummern wirklich in Ihrem Kind? Ich glaube, wir haben nur eine schwache Ahnung davon. Schätzungen besagen, daß wir höchstens 15 Prozent unseres Gehirns nutzen.

Welche Eigenschaften haben Kinder, deren Geist nicht verletzt wurde? Sie lernen gut und vertrauen auf ihre eigenen Fähigkeiten: Sie wissen, wie man lernt, und können es auch erklären. Und sie erkennen spontan, was sie in einer bestimmten Situation brauchen. Sie können die Ressourcen aus ihrer Umwelt wie auch ihre eigenen

Kapazitäten einsetzen, um Bedürfnisse zu befriedigen. Sie bewegen sich gerne und harmonisch, können Probleme kreativ lösen und gut zusammenarbeiten. Sie achten auf sich selbst und auf andere, kommen voran, leisten gute Arbeit, verbessern sich permanent, motivieren sich innerlich und können ihre eigene Leistung einschätzen. Aber während meiner zehnjährigen Tätigkeit als Lehrerin habe ich erfahren, wie recht der Psychologe Jean Houston hat, wenn er sagt: „Sehr häufig resultiert das Versagen in der Schule aus Langeweile. Diese wiederum entsteht, weil versäumt wird, all jene Bereiche des kindlichen Gehirns zu stimulieren, die es ermöglichen, ganz unterschiedlich auf die Welt zu reagieren."

Tag für Tag beobachtete ich, wie Kindern ihre Mängel vorgehalten wurden: was sie angeblich werden oder nicht werden, leisten oder nicht leisten konnten. Ich begriff allmählich, daß genau diese Haltung die Wurzel des Problems war. Mir wurde klar, daß Erziehung und Bildung die menschlichen Fähigkeiten sowohl einschränken als auch fördern können.

Experten versuchen schon seit Jahrzehnten, die Probleme unseres Bildungssystems zu lösen, indem sie hier etwas ausbessern und dort etwas ausbügeln. Tatsächlich geht es hierbei jedoch um eine Strukturveränderung. Wir müssen das Problem bei der Wurzel packen, sprich: verkrustete Denkstrukturen aufbrechen, die Inhalte und Methoden des Schulunterrichts reformieren.

Das Problem benennen: Einige Fakten

Aufgrund von Untersuchungen wissen wir, daß die Menschen sich an 10 Prozent von dem, was sie hören, an 20 Prozent von dem, was sie sehen und an 90 Prozent von dem, was sie tun, erinnern können. Dennoch ist unser Unterrichtsstil eindimensional: „Ich rede, du hörst zu und lernst."

Adam Urbanski,
Präsident der American Federation of Teachers

Wir stecken in den Vereinigten Staaten viel Geld in die Schulen, ohne dadurch das Bildungssystem in den Griff zu bekommen; die Ausgaben für Bildung sind seit 1965 mehr als eineinhalbmal so schnell gestiegen wie die Inflationsrate. Aber Geld ist nicht unbedingt die Lösung. Japan gibt pro Schüler zum Beispiel 50 Prozent weniger aus als die USA, dennoch sind japanische Studenten weltweit führend in den spezialisierten Wissenschaften und der Mathematik, auf dem Gebiet der Sprachen und der Technik. 27 Prozent unserer Studenten brechen ihr Studium vorzeitig ab, in Japan sind es nur 6 Prozent. Wir geben mehr Geld für die Gebäude und die Verwaltung aus, die Japaner zahlen höhere Gehälter.

In den USA gibt es zwei Millionen Kinder, die als „lernbehindert" bezeichnet werden. Das ist ein Anstieg von einer Million innerhalb des letzten Jahrzehnts!

Eine dreiviertel Million Kinder nimmt gegenwärtig Medikamente wegen sogenannter Konzentrationsschwäche und Hyperaktivität. Trotz jahrzehntelanger Forschung konnten neurologische Dysfunktionen jedoch nur bei wenigen Kindern nachgewiesen werden.

Nach William Glasser, dem Autor von *The Quality School*, haben wir es mit folgender Situation zu tun:

- Die Eltern kannten die Probleme ihrer Kinder, wußten aber nicht, wie sie damit umgehen sollten. Am wichtigsten erschien es ihnen zu lernen, wie sie ihre Kinder verstehen und von ihnen verstanden werden konnten.
- Die Schulverwaltung gab als vorrangiges Ziel an, die Testergebnisse der Schüler zu verbessern (um mehr Geld zu bekommen), mehr Schüler zum Abschluß zu bringen und möglichst wenig Disziplinschwierigkeiten zu haben.
- Den Schülern selbst gefiel an der Schule am besten, daß sie dort ihre Freunde trafen. Bis zum Ende der siebten Klasse hielt mehr als die Hälfte von ihnen die Lehrer für ihre Feinde; die Schüler fühlten sich herumkommandiert und langweilten sich. Die Mehrzahl der ‚Problem'schüler glaubte, daß die Lehrer sie nicht mochte, sich deshalb nicht um sie kümmerte und ihre Arbeit für unwichtig und wertlos hielt.
- Die Lehrer sagten aus, daß 80 Prozent der Schüler ihre Hausaufgaben nicht zufriedenstellend erledigten. Die meisten Lehrer hatten das Gefühl, nur wenig zu erreichen und in der Zwickmühle zwischen Schülern und Verwaltung zu stecken. Das Problem sei weniger die Unfähigkeit als vielmehr die mangelnde Bereitschaft der Schüler, etwas zu lernen.

Es geht also nicht darum, einfach mehr Geld in die Bildung zu investieren, sondern darum, es sinnvoll auszugeben.

Die Verantwortung übernehmen

> *Im Lauf der Zeit wurde mir bewußt, was für einen heftigen Schock die erste Klasse für den menschlichen Organismus bedeutet. Das sechsjährige Kind hat gerade die gewaltige Aufgabe bewältigt, ohne jegliche formale Instruktionen sprechen zu lernen. Es ist ein Meisterschüler, glücklich zu forschen, eifrig dabei, neue Dinge auszuprobieren. Bei der Einschulung erfährt es überraschende Neuigkeiten: Es muß zu lernen versuchen, was der Lehrer sagt, und zwar dann, wenn dieser es vorgibt. Das Kind muß sich von seinen eigenen Erkundungen verabschieden, muß Unbekanntes aussortieren und sich mit wenigen Lernanreizen zufriedengeben. Es muß immer wieder die gleichen Standardantworten geben. Es lernt – und das ist eine harte Lektion –, daß Lernen an sich im allgemeinen eine lahme und langweilige Angelegenheit ist.*
>
> George Leonard,
> *Walking on the Edge of the World*

Als kürzlich eine Zeitung in Portland (Oregon) berichtete, daß die Testergebnisse zum dritten Mal hintereinander auf dem gleichen schlechten Niveau waren, kommentierten dies Vertreter der Schule so: „Es könnte sein, daß die Kinder einfach ihre maximale Lernkapazität erreicht haben."

Andy Rooney meinte 1992 in seiner Sendung *Sixty Minutes*, daß an unserem Bildungssystem nichts falsch sei: Allen Ernstes behauptete er, daß „nur 50 Prozent unserer Schüler lernen", weil die anderen „dumm sind. Und sie sind dumm, weil ihre Eltern sie nicht zum Lernen anhalten!"

Beide Kommentare sind typische Schuldzuweisungen an die Opfer. Wenn wir nicht wissen, wie ein Problem zu lösen ist, beschuldigen wir diejenigen, die am meisten darunter zu leiden haben.

In Wirklichkeit ist der menschliche Geist eine natürliche Lernmaschine, und Kinder sind nicht dumm. Die menschliche Rasse hat sich über drei Milliarden Jahre entwickelt. Der Lerntrieb ist so stark wie der Sexualtrieb, er tritt lediglich früher auf und hält länger an. Kein Kind ist von sich aus unmotiviert.

Nicht unsere Kinder haben ihre Kapazitätsgrenze erreicht, sondern unsere Schulen. Deren Unterrichtsmethoden waren für eine bäuerliche Gesellschaft gedacht. Aber wir befinden uns im Informationszeitalter, und Informationen ändern sich so schnell, daß das, was heute wichtig erscheint, in wenigen Monaten veraltet sein wird. Das Bildungssystem muß sich nicht nur entwickeln, damit die Kinder nach den neuesten Methoden unterrichtet werden, sondern damit sie lernen, wie sie ihren Geist einsetzen müssen, um neue Informationen zu verarbeiten. Wir verhalten uns momentan jedoch wie ein Automobilkonzern, der seine Mechaniker an Dampfmaschinen ausbildet, obwohl sie es später mit Maseratis zu tun haben werden!

Das Lerninhalte, die für unsere Kinder relevant sind, verändern sich im Lauf der Zeit, aber unsere Lehrmethoden bleiben immer dieselben.

Wir müssen unseren Kindern beibringen, wie sie Informationen verarbeiten und selbst vermitteln können. Wir müssen ihre unterschiedlichen geistigen Fähigkeiten als ungeheuren Schatz anerkennen, der nur darauf wartet, gehoben zu werden.

Aber wie können Kinder ihre Neugier auf ihre eigenen Fähigkeiten bewahren, wenn wir nur an ihren Schwächen interessiert sind?

Neue Ziele setzen: Die Möglichkeiten

In unseren Schulen wird der Stoff oft ein halbes dutzendmal durchgearbeitet. Wir müssen den Schülern beibringen, wie man lernt.

Garry Caruthers,
Gouverneur von New Mexico

Die Fähigkeiten und Talente unserer Kinder sind die größte Ressource unseres Landes. „Bildung“ kann nicht länger bedeuten, Informationen weiterzugeben. „Bildung“ heißt vielmehr, die Fähigkeiten zu fördern, die Kinder brauchen, um im 21. Jahrhundert zu überleben.

Ich erinnere mich an die alte Sage von einem Prinzen, der als junger Mann Eremit wurde. Er zog in die Dachkammer seiner riesigen alten Burg. Dort aß und schlief er, dort machte er seine Exerzitien und seine Arbeit. Bis ins hohe Alter blieb er in diesem einen Raum, in dem er mit der Zeit ziemlich beengt lebte. Der Rest der Burg begann zu verfallen, da er nicht benutzt wurde, aber der Prinz war sich nicht mehr bewußt, daß seine Burg überhaupt existierte. Schließlich fiel sie eines Tages in sich zusammen, und der Eremit wurde unter ihren Trümmern begraben.

Wie dieser Prinz sind auch wir oft gefangen in der Burg unseres Geistes. Wir wohnen nur in unseren logischen, rationalen Dachkammern und nehmen die übrigen uns zur Verfügung stehenden Ressourcen nicht wahr. Als Eltern wissen wir mehr über den Geist unserer Kinder und darüber, was in der Schule am besten für sie wäre, als wir uns eingestehen wollen. Wir kennen den Keller und die Küche der Burg. Wir wissen, daß es Johnnys Aufmerksamkeit fördert, wenn er zappelt, und daß Sandra neue Wörter singen muß. Wir wissen, daß Li Fong zum Einkaufen gerne eine Liste mitnimmt, daß es aber für Victor besser ist, wenn man ihm die Dinge mündlich aufzählt. Wir müssen nur lernen, wie wir dieses Wissen anwenden können, um unseren Kindern zu helfen.

Unsere Kinder werden mit einem einmaligen Lebensfunken in diese Welt hineingeboren. Wir als Eltern sind die Hüter dieser Flamme. Auch wenn sie nur als kleiner Funke in einem angekohlten Stamm überdauert hat, haben wir die Aufgabe, für genügend Wind zu sorgen, damit aus dem Funken wieder eine Flamme wird. Unglücklicherweise wurden auch wir verletzt und eines Teils unserer Fähigkeiten beraubt. Wir trauen uns nicht zu, die Fähigkeiten unserer Kinder zu erkennen. Wir müssen einsehen, wie destruktiv unsere erlernte Denkweise ist.

Große Probleme fordern uns zum Umdenken heraus. Wir sollten zu unseren Idealen zurückkehren und auf eine sich verändernde Welt mit Flexibilität, Entschlossenheit und Originalität reagieren. Die Methode, die wir in diesem Buch vorstellen, ist nicht *die* Lösung, aber sie bringt uns vielleicht dem Ziel näher, die Einzigartigkeit und Vielfalt der jungen Leute zu schätzen und zu stärken.

Das Herz eines Adlers

Es waren einmal eine Witwe und ihr kleiner Sohn, die reisten von einem Ort zum andern und kamen an einer Hühnerfarm vorbei. Der Junge war sehr neugierig und preßte sein Gesicht gegen den rostigen Drahtzaun, hinter dem Hunderte von Hühnern eingesperrt waren.

„Mama, in dem Käfig da ist ein merkwürdiger Hahn. Er gleicht den anderen überhaupt nicht."

Als die Mutter den Vogel ansah, auf den ihr Sohn zeigte, kam ein dünner Mann in schmutziger Kleidung näher.

„Was macht ihr mit meinen Hühnern?" brummte er.

„Wir schauen sie nur an. Aber könnten Sie uns etwas über diesen seltsamen Vogel sagen, der dort in der hinteren Ecke kauert? Mir scheint, daß er ganz anders ist als die übrigen Hühner. Ich glaube fast, es könnte ein junger Adler sein."

„Unsinn", antwortete der Farmer. „Ich hatte ihn schon als winziges Küken. Er verhält sich wie ein Hahn und frißt wie ein Hahn, also *ist* er ein Hahn."

„Dürfen wir in den Käfig, um selbst nachzusehen?"

„Meinetwegen", sagte der Farmer.

Die Frau und ihr Sohn bückten sich, um durch die behelfsmäßige Tür zu gelangen. Die Frau kniete nieder und packte den jungen Vogel.

„Du bist ein Adler, kein Hahn. Du kannst fliegen. Du kannst frei fliegen!"

Sie hielt ihn über ihren Kopf und warf ihn in die Luft.

Der Vogel flatterte kurz mit den Flügeln, fiel dann aber mit dem Schnabel zuunterst zu Boden und begann sofort nach Futter zu scharren. Der Farmer, der Mutter und Sohn von der anderen Seite des Zauns beobachtete, grinste. „Ich habe es Ihnen ja gesagt. Der Vogel ist nur ein Hahn, ein ganz gewöhnlicher Hahn. Sie verschwenden Ihre und meine Zeit!"

Als der Mann ihnen den Rücken zudrehte, rief der Junge: „Entschuldigen Sie, Mister, aber würden Sie uns den Vogel vielleicht verkaufen? Da er nur ein einfacher Hahn ist, wird er Ihnen sicher nicht fehlen."

„Mir ist es recht. Ich will fünf Dollar."

Die Frau wußte, daß das viel zu teuer war, aber angesichts der bettelnden Augen ihres Sohnes gab sie dem grinsenden alten Mann das Geld.

Der Junge hob das Tier an seine Brust, kletterte aus dem Käfig und rannte die staubige Straße entlang. Seine Mutter folgte ihm auf einen kleinen Hügel hinauf.

„Was tust du hier, mein Sohn?"

Er antwortete nicht. Statt dessen hob er den jungen Vogel in die Höhe, soweit seine Arme reichten, und redete in flehendem Ton auf ihn ein: „Du hast das Herz eines Adlers. Ich weiß es. Du bist ein wunderbares Geschöpf. Deine Bestimmung ist es, frei zu sein. Breite deine Flügel aus, folge deinem Herzen und fliege. Bitte Adler, flieg!"

Eine leichte Brise zerzauste die Federn des Vogels. Die Frau hielt den Atem an, als ihr Sohn den Vogel in die Luft warf.

Der Vogel breitete seine Flügel aus und schaute auf die Frau und den Jungen hinunter. Als würde er von ihren stummen Gebeten getragen, erhob er sich zitternd in die Luft und glitt dann geschmeidig in einem weiten Kreis über sie dahin, über die Farm und über das ganze Tal.

Die Frau und ihr Sohn sahen den Adler nie wieder. Sie fanden nie heraus, wohin sein Herz ihn geführt hatte. Sie wußten nur eines: Er würde nie wieder als Hahn leben. Nie wieder.

Wie diese Frau in dem afrikanischen Volksmärchen ihrem Jungen möchte ich Ihnen helfen, den Adler in Ihren Kindern zu entdecken. Ich möchte Sie davon überzeugen, daß Kinder keine Hühner sind und ihr Leben nicht so leben müssen, als wären sie welche. Ich möchte Ihnen Möglichkeiten zeigen, wie Sie Ihre Kinder unterstützen können, wenn sie ‚fliegen' – auch wenn es Ihnen schwerfällt zu glauben, daß sie ‚fliegen' können.

3

Über das Denken nachdenken: Wie der Geist Ihres Kindes arbeitet

Es wird uns irgendwann gelingen, unsere Kinder nicht als Geschöpfe zu betrachten, die wir manipulieren oder verändern können. Vielmehr werden wir erkennen, daß sie Boten aus einer Welt sind, die wir einst genau gekannt, aber seit langem vergessen haben. In dieser Welt können wir mehr über die Geheimnisse des Lebens – auch unseres eigenen – erfahren, als unsere Eltern uns je vermitteln konnten.

Alice Miller

Es ist völlig falsch zu glauben, daß das Denken bei allen Menschen gleich abläuft. Offensichtlich denken wir alle unterschiedliche Gedanken. Weniger offensichtlich ist, daß jeder von uns auf einzigartige Weise denkt. In der Schule wird wenig darauf geachtet, *wie* Kinder denken. Gewöhnlich wird angenommen, daß ihr Geist dem des Lehrers entspricht. Tatsächlich gibt es aber sechs Möglichkeiten zu denken. Es ist entscheidend, diese sechs Grundmuster der Informationsverarbeitung zu verstehen, um ein Kind angemessen zu unterrichten.

Dieses Kapitel soll Ihnen die grundlegenden Informationen darüber vermitteln, wie die Gedanken sich durch den Geist Ihres Kindes bewegen. Davon ausgehend, werden wir Ihnen helfen, das natürliche Denkmuster Ihres Kindes zu entdecken.

Wechselnde Bewußtseinszustände

Als ich mit dem Studium der Hypnotherapie begann, wurde mir klar, daß der Geist die Gedanken ‚verdaut', indem er sie auf drei verschiedenen Wegen, d. h. zwischen drei verschiedenen „Bewußtseinszuständen", bewegt: durch das Bewußtsein, das Unterbewußtsein und das Unbewußte. Jeder dieser Bewußtseinszustände erfüllt beim Lernen seine spezifischen Aufgaben.

Wenn wir den Lernprozeß mit dem Verdauungssystem vergleichen, wäre das *Bewußtsein* der Mund: Dort beginnt man zu lernen; der Mund bildet den Eingang zum restlichen mentalen System, von dem die Informationen aufgenommen und durchgekaut werden, während der Geist organisiert, wie jedes Detail vom Stoffwechsel verarbeitet wird. Mit dem *Bewußtsein* werden Informationen am leichtesten aufgenommen, organisiert, der Priorität nach geordnet, bewertet und wiedergegeben. Wenn ein Kind in dieser Modalität nicht denken kann, wird die Welt zu einem chaotischen Wirbel.

Üblicherweise nimmt man an, daß Kinder dann lernen, wenn sie *bewußt* denken, aber das wäre genauso, als würden wir den Vorgang des Essens nur dann als „essen" bezeichnen, wenn wir die Nahrung im Mund haben. Dies ist nur der Anfang des Lern- bzw. Verdauungsprozesses, und nur ein kleiner Teil unseres Gehirns ist dieser Funktion gewidmet. Die Natur ist nicht dumm. Wir sind mit der Fähigkeit ausgestattet, für verschiedene Zwecke auf unterschiedliche Weise zu denken.

Kinder, die ihr *Bewußtsein* aktiviert haben, sind

1. hellwach.
2. Ihre Aufmerksamkeit ist auf die äußere Welt gerichtet und auf das, was darin passiert.
3. Sie sitzen auf der Kante ihres Stuhls und beobachten alles, was um sie herum geschieht.
4. Sie achten auf jedes Wort, nehmen leicht Informationen auf, ordnen sie logisch und bleiben bei der Sache.

Im *unterbewußten* Zustand sieben die Kinder Dinge aus. Bemüht man noch einmal die Metapher vom Verdauungssystem, ließe der Ort des *Unterbewußtseins* sich mit dem Magen vergleichen: jener Stelle, an der die Dinge umeinandergewirbelt und vermischt werden. Die Nahrung hat nicht mehr die gleiche Form wie zu Anfang, als sie aufgenommen wurde, aber sie ist auch noch nicht soweit zerlegt, daß sie vollständig vom Körper absorbiert werden könnte.

Auf dieser Stufe des Lernprozesses machen die Kinder eine Pause, um die ankommenden Informationen zu betrachten und sorgfältig abzuwägen, inwieweit sie zu den Dingen passen, die sie bereits gelernt haben. Sie erörtern Fragen, kämpfen mit Gefühlen oder sehen eine Sache aus vielen unterschiedlichen Perspektiven vor sich. Dieser Teil ihres Geistes ist eine Art ‚Zubringerdienst', der das, was der bewußte Geist aufnimmt, nach hinten zur Gedächtnisbank des unbewußten Geistes befördert. Gleichzeitig transportiert er das, was die Kinder bereits gelernt haben, vom Speicher ihres unbewußten Geistes hin zum bewußten Geist, damit es ihnen zur Verfügung steht.

Das *Unterbewußtsein* ist der Ort, an dem die Kinder sowohl über die Dinge selbst verfügen, die von außen auf sie einströmen, als auch über deren Bezugsrahmen. Der *unterbewußte* Geist versetzt uns in die Lage, vom Zustand des Wachseins in tiefe Entspannung zu gleiten und aus der Entspannung zu aktivem Selbstausdruck zu gelangen. Ohne diese Fähigkeit müßte unser Geist alles ‚unzerkaut' schlucken.

Die Aktivitäten des *Unterbewußtseins* lassen sich so zusammenfassen:

1. Die Kinder sortieren die Informationen.
2. Sie wechseln zwischen Aufmerksamkeit und innerem Wegtreten.
3. Sie können ihre Aufmerksamkeit gleichzeitig nach innen und nach außen richten.
4. Sie geraten leicht in Verwirrung.

Im *unbewußten* Zustand wird neuer Lernstoff in bereits vorhandenes Wissen integriert. Erinnerungen dringen ins Bewußtsein vor, und auf einer sehr tiefen Ebene werden Informationen miteinander verknüpft. Auf dieser Ebene des Denkens entstehen Muster, indem Erfahrungen auf vielfältige Art zusammengestellt und neu geordnet werden und indem vermittelt wird, *wie* Dinge sein könnten. Hier befinden sich die ‚Innereien' des Geistes, die beständig die Form dessen verändern, was ‚verdaut' wurde, und die ‚Nährstoffe' zu jedem Körperteil weiterleiten. Während der rationale Geist die Informationen detailliert ihrer Bedeutung nach aufschlüsselt, ist das *Unbewußte* damit beschäftigt, Botschaften indirekt über Träume,

Symbole, Bilder und Analogien in vielen Richtungen gleichzeitig zu vermitteln. Hier kreisen die Gedanken und befassen sich mit dem Gesamteindruck einer Situation. Ohne die Fähigkeit zu *unbewußtem* Denken wäre das Leben eines Kindes steril, isoliert und langweilig, da es ohne Kreativität und Erfindergeist auskommen müßte.

Die Aktivitäten des *unbewußten* Geistes seien hier noch einmal zusammengefaßt:

1. Die Kinder treten sehr leicht geistig weg.
2. Sie denken vorsichtig und am liebsten für sich alleine.
3. Sie erkennen eher eine Gesamtsituation als Einzelheiten.
4. Sie stellen kreative Verknüpfungen her.

Ich verwende für die optische Darstellung dieser Bewußtseinszustände die Symbole Dreieck, Viereck und Kreis. Wie sie zusammenhängen, zeigt Ihnen die Abbildung auf dieser Seite. Der Pfeil gibt die Bewegung der Gedanken nach innen an – wenn der Geist Informationen aufnimmt und verarbeitet – und die Bewegung nach außen – wenn er Gedanken hervorbringt, darstellt und weitervermittelt.

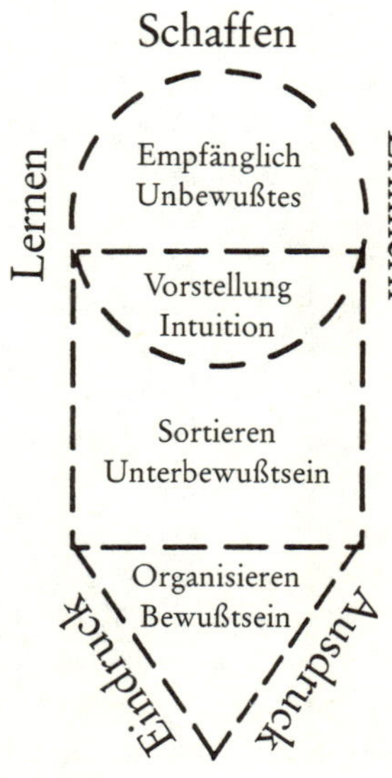

In Wirklichkeit durchlaufen wir diese drei Bewußtseinszustände innerhalb von Sekundenbruchteilen. Sie werden laufend durch die sensorischen Informationen angesprochen, die auf uns einströmen.

Die Lernschleife

Schauen wir uns ein Beispiel an: Frau Jones behandelt im Unterricht Bruchrechnen. Miguel scheint aufmerksam zu folgen, er balanciert auf der Kante seines Stuhls, bereit zu fragen und die nächste Frage zu beantworten. Alexandra dagegen malt einen schwierigen Irrgarten auf den blauen Einband ihres Hefts. Gleichzeitig sitzt Wai Lap bewegungslos da und starrt aus dem Fenster, er paßt anscheinend überhaupt nicht auf. Wenn Frau Jones ihn aufruft, sieht er sie an, als sei er gerade mit der Raumfähre vom Saturn zurückgekehrt. Vielleicht ärgert sich Frau Jones, weil sie glaubt, daß Miguel als einziger mitbekommt, was sie zu erklären versucht. Sie erkennt nicht, daß jeder dieser Schüler ihren Unterricht auf eine andere Art ‚verdaut' – jeder befindet sich in einem anderen Bewußtseinszustand. Frau Jones ist sich außerdem nicht bewußt, daß sie durch ihre Art, den Stoff vorzustellen, diese verschiedenen Denkwege anregt.

Miguel, der Frau Jones zuhört, nimmt die Informationen *bewußt* auf und stellt die nötigen Fragen, um Frau Jones' Erklärungen zu verstehen. Alexandra, die kritzelt, während Frau Jones spricht, verarbeitet *unterbewußt*, was sie hört. Ihr Geist sortiert das Gehörte und versucht herauszufinden, was für sie wichtig ist und sich mit früheren Erfahrungen verknüpfen läßt.

Wai Lap, der aus dem Fenster schaut, verarbeitet das, was Frau Jones sagt, *unbewußt.* Vielleicht denkt er an ein Stück Kuchen, das er am Abend vorher zum Nachtisch bekommen hatte, oder daran, wie er den Schwimmwettbewerb letzten Monat mit dem Vorsprung von Sekundenbruchteilen gewann. Vielleicht stellt er sich auch ein Kaleidoskop vor, in dem mit Hilfe von Glasstückchen Muster entstehen.

Über das Denken nachdenken

Vergleichen wir einmal einen Gedanken mit dem Wasser. Wenn Sie nicht weiter darüber nachdenken, ist Wasser etwas, womit Sie sich waschen, das Sie trinken oder zum Zähneputzen verwenden. Aber wenn Sie sich nur ein wenig intensiver damit beschäftigen, merken

Sie, daß Wasser beständig seine Form verändert; es verdampft zu Wolken, es ergießt sich auf Ihren Schirm, es stürzt als Wasserfall den Berg hinunter. Es bleibt immer Wasser, hat aber viele verschiedene Formen.

Genauso verändert meiner Erfahrung nach ein Gedanke seine Form, während er sich durch das Gehirn von einem Bewußtseinszustand zu einem anderen bewegt. Wer sich mit Computern auskennt, weiß, daß sie verschiedene „Sprachen" benutzen, um Informationen zu verarbeiten, wie zum Beispiel *Pascal, Basic* usw. Was den menschlichen Geist so faszinierend macht, ist die Tatsache, daß er drei verschiedene „Sprachen" zum Denken benutzt. Damit meine ich nicht französisch, ungarisch oder Suaheli. Ich beziehe mich auf visuelle, auditive und kinästhetische Vorstellungen. Im einzelnen bedeutet:

- *visuell*: die äußere Welt, innere Bilder sehen; Dinge schaffen, die gesehen werden können (lesen, zeichnen, schreiben, entwerfen usw.)
- *auditiv*: hören auf die Außenwelt, auf innere Stimmen und Klänge; Ausdruck in Form von etwas, was gehört werden kann (sprechen, singen, Musik usw.)
- *kinästhetisch*: Dinge aus der Außenwelt, Gefühle oder Körperempfindungen spüren; sich in der Welt bewegen oder etwas tun (berühren, Aktionen, Erfahrungen, Handwerkliches usw.)

Wenn der Geist des Kindes einen Gedanken vom Bewußten zum Unterbewußten und zum Unbewußten bewegt, verändert er jeweils die Sprache oder die ‚Software' des Denkens. Bei Miguel zum Beispiel begann der Denkprozeß auditiv: Er hörte die Beschreibung von Frau Jones und erklärte sich selbst die Bedeutung des Gesagten (bewußt und auditiv); dann formte sein Geist aus den Erklärungen der Lehrerin ein Bild, während er die Informationen sortierte, um ihre Relevanz für sich zu prüfen. Miguel sah, was Frau Jones sagte (unterbewußt und visuell), und schließlich vergaß er die Welt um sich herum für kurze Zeit und erinnerte sich daran, daß er einmal einen Kuchen angeschnitten hatte (unbewußt und kinästhetisch). Bei längerem Verharren in diesem Bewußtseinszustand würde er weiter phantasieren und die Situation mit anderen kinästhetischen Gefühlen und Handlungen verbinden, wie zum Beispiel der Erfahrung, wie es war, als er zum erstenmal ein Stück Kuchen aß.

Ich bezeichne diese natürliche Choreographie des Denkens als „Wahrnehmungsverarbeitung". In jedem menschlichen Geist ist jeder der drei Wahrnehmungskanäle (kinästhetisch, auditiv und visuell) mit einem der drei Bewußtseinszustände verbunden, durch die sich die Gedanken bewegen können.

Wenn Frau Jones einen Vortrag hält, um etwas zu erklären, benutzt sie ihren auditiven Wahrnehmungskanal. Da Miguels bewußtes Denken ebenfalls auditiv organisiert ist, erhöhen verbale Erklärungen seine Aufmerksamkeit. Alexandras auditiver Kanal jedoch ist mit ihrem Unterbewußten verbunden, so daß die Worte von Frau Jones bei ihr Verwirrung hervorrufen. Beim geistesabwesenden Wai Lap ist das Unbewußte mit dem auditiven Kanal gekoppelt, so daß Frau Jones' Worte sein unbewußtes Denken, die tiefste Ebene seines Geistes, ansprechen und ihn weggetreten und unaufmerksam erscheinen lassen. (Was in gewisser Weise zutrifft, da seine Aufmerksamkeit nach innen gerichtet ist!)

Wenn Sie beobachten, wie Kinder einfache, alltägliche Aufgaben erledigen, werden Sie langsam verstehen, wie unterschiedlich ihr Geist funktioniert. Betreten zum Beispiel drei Kinder ein neues Klassenzimmer, wird eines als erstes bemerken, was die anderen tun – es reagiert zuerst auf kinästhetische Reize. Das zweite Kind wird zuerst vom Gespräch der anderen angezogen, da sein bewußter Geist den auditiven Kanal nutzt. Das dritte Kind wird sich anfänglich umschauen, um zu sehen, was ihm am interessantesten erscheint. Es reagiert visuell.

Betrachten wir einmal, wie Kinder ihre Arbeit organisieren. In den Schulen wird angenommen, daß bei jedem Schüler der gleiche Vorgang abläuft. In Wirklichkeit gibt es viele Wege, um Details zu behalten und Aufgaben der Priorität nach zu ordnen: Jorge muß sich vielleicht alle Hausaufgaben aufschreiben und sich an die Liste halten, um alles zu schaffen, da sein Geist die Dinge visuell ordnet. Teri bereitet ihre Hausaufgaben gerne vor, indem sie am Telefon mit ihren Freundinnen darüber spricht, was sie alles tun muß und in welcher Reihenfolge: Ihr Geist organisiert sich auditiv. Nanci baut ihre Bücher und Hefte zu Stößen auf und arbeitet sie der Reihe nach durch; sie organisiert sich ‚die Welt' kinästhetisch.

Auch das Sich-Erinnern läuft nicht bei allen Kindern auf dieselbe Weise ab, ob sie sich nun an eine Telefonnummer oder ihren letzten Geburtstag erinnern. Junita sieht die Nummer, die sie wählt, auf einem kleinen Bildschirm in ihrem Kopf vor sich (visuell). Joshua hört, wie eine Stimme in seinem Kopf die Ziffern der Reihe nach vorsagt (auditiv). Leonard fällt eine Telefonnummer wieder ein, wenn er das Telefon in der Hand hält und die Tasten drückt oder wenn er im Geist wählt (kinästhetisch).

Es gibt außerdem zahlreiche Möglichkeiten, mit denen Kinder zum Ausdruck bringen, wer sie sind und was sie wissen. In einer fiktiven Familie wäre Donna vielleicht Alleinunterhalterin, die die anderen beim Essen mit Witzen, Liedern und Geschichten zum Lachen bringt. Rachel könnte Sportlerin sein, immer gerade auf dem Sprung zum Training oder zum Spielen. Dale wäre vielleicht ein Künstler, der sich mit Farben, Holz oder Lehm beschäftigt und sein letztes Meisterstück auf dem Kühlschrank oder dem Bücherschrank ausstellt.

Bildung und individuelle Unterschiede

In der jüngeren Vergangenheit ist die Bedeutung der unterschiedlichen Lernstile auch von Lehrern erkannt worden. Zu diesem Thema haben Marie Carbo, Rita Dunn, Kenneth Dunn und andere seit den späten sechziger Jahren Untersuchungen an der *St. John's University* in New York durchgeführt. Sie haben überzeugend demonstriert, daß Kinder auf unterschiedliche Arten lernen: Ihr Erfolg in der Schule ist davon abhängig, ob sie auf eine Art unterrichtet werden, die ihrem Lernstil entspricht. „Eine einzige optimale Methode gibt es dabei nicht. Es gibt viele verschiedene Lehrmethoden, auf die Kinder jeweils unterschiedlich erfolgreich ansprechen. Jedes Kind lernt anders, und der Grad der Übereinstimmung von Lernstil und Unterrichtsmethode entscheidet, wer was und wieviel lernt."

Viele Untersuchungen, die zum Verständnis individueller Wahrnehmungsunterschiede beitragen wollen, berücksichtigen inzwischen die Tatsache, daß die meisten Menschen einen Sinneskanal haben, mit dem sie am angenehmsten lernen können. Es ist nicht mehr ungewöhnlich, von auditiv, visuell oder kinästhetisch Lernenden sprechen zu hören. Das grundsätzliche Verständnis, daß die Bevorzugung einer dieser drei Wahrnehmungsmodalitäten den Kern der Lernunterschiede bildet, bedeutet einen Riesenschritt nach vorne.

Dies ist allerdings nur der erste Schritt. Es genügt nicht zu sagen, daß ein Kind kinästhetisch, auditiv oder visuell lernt. Notwendig ist die Kenntnis des ganzen Systems. Sie müssen wissen, wie Ihr Kind Erfahrung ‚verdaut' – wie die Gedanken sich durch seinen bewußten, unterbewußten und unbewußten Geist bewegen.

Zurück zum oben beschriebenen Klassenzimmer: Wenn Sie von Wai Lap nur wissen, daß er kinästhetisch lernt, können Sie ihm, damit er Bruchrechnen lernt, lediglich ein Puzzle vorlegen, das er zerlegen und wieder zusammensetzen kann. Das würde ihn wahrscheinlich wach halten, aber wenn Sie nicht wissen, daß er unbewußt auditiv denkt, verstehen Sie nicht, warum er weggetreten war, als Frau Jones ununterbrochen redete.

Und wenn Frau Jones nicht wüßte, wie Wai Laps Geist arbeitet, würde sie in sehr strengem Ton mit ihm sprechen, wenn er ihre Fragen nicht beantwortete. Da er sehr sensibel auf das reagiert, was er hört, könnte ein rigider Ton seine Selbstachtung beschädigen, und er verließe das Klassenzimmer mit dem Gefühl, dumm zu sein. Frau Jones wiederum würde sich beim Beratungslehrer darüber auslassen, wie unaufmerksam Wai Lap sei!

Die sechs persönlichen Denkmuster

Kinder müssen sowohl das Bewußtsein als auch das Unterbewußtsein und ihr Unbewußtes einbringen, um erfolgreich zu lernen. Unsere unterschiedlichen Lernweisen leiten sich nicht davon ab, welche Modalität unser Geist beim Lernen nutzt, sondern in welcher Reihenfolge wir alle drei Modalitäten einsetzen.

Eine Information können wir am leichtesten behalten und wieder erinnern, wenn der Prozeß in einer bestimmten Reihenfolge abläuft, d. h., die Information zunächst von unserem bewußten Geist aufgenommen, dann von unserem Unterbewußten sortiert und schließlich vom Unbewußten integriert wird. Was einen Geist vom anderen unterscheidet, ist die spezifische Verknüpfung jedes Bewußtseinszustands mit den drei Denkkanälen (visuell, auditiv, kinästhetisch). Sechs verschiedene Kombinationen sind möglich. Ich möchte sie „persönliche Denkmuster" nennen. Sie beschreiben die Wege der Gedanken, die Art und Weise, wie Erfahrung umgewandelt, ‚verdaut' und verarbeitet wird.

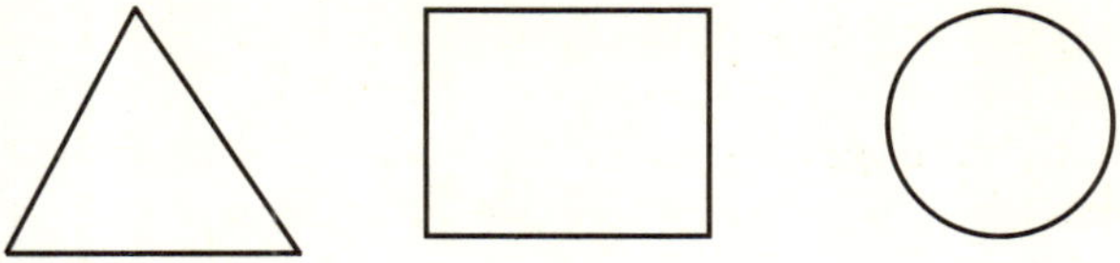

Bewußt	**Unterbewußt**	**Unbewußt**	
visuell	auditiv	kinästhetisch	(VAK)
visuell	kinästhetisch	auditiv	(VKA)
auditiv	kinästhetisch	visuell	(AKV)
auditiv	visuell	kinästhetisch	(AVK)
kinästhetisch	visuell	auditiv	(KVA)
kinästhetisch	auditiv	visuell	(KAV)

Aufgrund dieser persönlichen Denkmuster führen wir Handlungen unterschiedlich aus. Diese Muster entscheiden, welcher Weg, etwas zu lernen, für jeden von uns der angenehmste und wirksamste ist. Sie lassen Johnnys Geist wie eine Geige und den Geist seiner Mutter wie eine Trompete erscheinen.

Ich habe keine Ahnung, warum das Gehirn eines Menschen ein bestimmtes Muster auswählt. Aber es ist offensichtlich so, daß das menschliche Gehirn am wirksamsten und erfolgreichsten arbeiten kann, wenn es bei der Verarbeitung von Gedanken einem gewohnten sensorischen Pfad folgt – so wie wir gewöhnlich ohne zu überlegen den Gehweg benutzen. Zu einem bestimmten Zeitpunkt, häufig während des ersten Schuljahres, wird ein bestimmter Ablauf, Erfahrungen zu verdauen, zur Gewohnheit. Er gilt nicht für alle Erfahrungen, aber für die meisten. Unsere Denkgewohnheiten immer wieder zu ändern, wäre für uns genauso verwirrend wie die Unsicherheit darüber, ob wir Rechtshänder oder Linkshänder sind.

Obwohl manche Kinder schon in sehr frühen Jahren einem bestimmten Muster zu folgen scheinen, läßt sich oft nur schwer erkennen, welchen Wahrnehmungskanal sie bevorzugen. Erst wenn das Nervensystem gereift ist, wird dies möglich. Aber auch dann entwickeln sich Kinder unterschiedlich. Bleiben Sie bitte neugierig und offen, wenn Ihr Kind sich mit zunehmendem Alter verändert.

Den Denkprozeß erkennen

Damit Sie selbst erfahren können, wie Denkmuster funktionieren, beobachten Sie sich einige Minuten lang selbst:

Achten Sie darauf, wie Sie über etwas denken: nicht auf den Inhalt Ihrer Gedanken, sondern auf den Denkprozeß. Wenn ich Sie zum Beispiel bitte, daran zu denken, wie Sie nach der Geburt Ihr Kind zum erstenmal sahen, könnten Sie sagen: „Es war am 15. November 1985 morgens um sieben Uhr, die Sonne ging gerade auf. Die Wehen hatten nur vier Stunden gedauert, als mir der Arzt Melissa auf die Brust legte. Sie war mit sieben Pfund das kleinste von meinen drei Kindern. Ihre beiden Brüder wogen fast neun Pfund ..." Das wäre der Inhalt Ihrer Gedanken.

Wenn Ihnen jedoch bei der Erinnerung an Melissas ersten Lebenstag bewußt wird, daß Sie zuerst daran denken, wie leicht sie sich in Ihren Armen anfühlte und was Sie empfanden, als Sie dann ihren Schrei und die Stimme des Arztes hörten, und danach ein klares Bild ihrer winzigen Hände vor sich sehen – dann wissen Sie, *wie* Sie an diese Erinnerung denken. Den Denkprozeß zu kennen bedeutet zu wissen, auf welche Weise ein Inhalt gedacht wird.

Zunächst mag Ihnen diese Art von Beobachtung vielleicht ungewohnt erscheinen. Seien Sie geduldig mit sich selbst, atmen Sie und horchen Sie in sich hinein.

Ein Beispiel: Wenn ich daran denke, wie ich David zum erstenmal im Arm hatte, sehe ich wie bei einem Schnappschuß sein Gesicht und seinen Körper, der, in eine Decke eingewickelt, an meiner Schulter lag. Wenn ich mich etwas tiefer in meine Gedanken versenke, erinnere ich mich daran, wie er gluckste und wie ich ihm vorsang. Mit dieser Erinnerung werden versunkene Gefühle wieder wach: die Erfüllung und Wärme, wenn er sich so an meinen Hals kuschelte.

Mein Gehirn benutzt also alle drei Wahrnehmungsmodalitäten zum Denken. Dabei entfaltet sich die visuelle Erinnerung als erste, und sie erscheint mir am ehesten als organisierte, bewußte Realität. Auditive Erinnerungen liegen direkt unter der Oberfläche im Bereich meines unterbewußten Denkens, und ich brauche etwas länger, bis ich an sie herankomme. Gefühle, Berührungen, Bewegungen und Handlungen sind zwar sehr eindrücklich, aber sie kommen aus der Tiefe meines unbewußten Geistes, so daß ich gewöhnlich nicht an sie ‚denke'. Mein Gehirn arbeitet die meiste Zeit mit diesem visuell-auditiv-kinästhetischen Muster.

Welches Muster, glauben Sie, benutzt Ihr Geist für die Verarbeitung von Informationen? Wenn Sie an Ihrem eigenen Denkmuster arbeiten, entdecken Sie Dinge, die Ihnen vorher nicht bewußt waren.

Kommunikationsdefizite abbauen

Wenn Sie mehr darüber wissen, wie Ihr Geist und der Ihrer Kinder funktioniert, kann sich Ihre Beziehung zu ihnen verändern. Die Kenntnis der persönlichen Denkmuster erleichtert es Ihnen, Ihre Kinder als Persönlichkeiten zu respektieren und anzuerkennen. Sie werden neugierig auf Ihre Kinder, ohne Ihnen ein bestimmtes Verhalten sofort als Problem oder Schwäche auszulegen. Sie können gezielt und nachvollziehbar auf sie reagieren. Sie lernen, darauf zu achten, was möglich ist und was nicht.

Dazu ein Beispiel: Vor einigen Monaten wurde ich für eine Radiosendung telefonisch befragt. 15 Minuten vor Schluß rief ein Mann aus einem nahe gelegenen Vorort an:

„Ich habe Ihnen in der letzten Dreiviertelstunde zugehört und mich entschlossen, Sie anzurufen und etwas zu fragen.“ Der Mann hatte eine tiefe, schroffe Stimme, und die Worte brachen nur so aus ihm heraus. „Ich habe meinen Sohn oft geschlagen, damit er mir zuhört. Immer wenn ich versuche, ihm etwas Wichtiges zu sagen, steht er nur da, starrt mich an wie Klein-Doofie und bestraft mich mit Schweigen. Ich dachte, er macht das, weil er ein Klugscheißer ist, aber nachdem ich Sie gehört habe, bin ich mir nicht mehr so sicher.“

Ich atmete tief durch. Was konnte ich antworten? Ich bat den Mann, mir alles zu erzählen, was er über die Denkstrukturen seines Sohnes wußte.

„Nun, nachdem ich Ihnen zugehört habe, glaube ich, daß er zu den visuell-kinästhetisch denkenden Menschen gehört, er kritzelt nämlich gern, und er kann nichts sagen, ohne mit den Händen in der Gegend herumzufuchteln. Er schaut mir einfach zu, wenn ich etwas mache, und dann macht er es nach. Aber wenn ich ihm etwas zu erklären versuche, wird er aggressiv oder schaltet ab.“

Nachdem ich noch einige weitere Fragen gestellt hatte, waren wir uns einig, daß der Sohn dieses Mannes zum Denken wahrscheinlich das VKA-Muster benutzte. Und es war für uns beide keine Frage, daß sein Vater genau das entgegengesetzte Muster, AKV, verwendete.

„Ich habe befürchtet, daß Sie das sagen werden. Also habe ich ihn die ganze Zeit für etwas geschlagen, wofür er gar nichts kann?"

Ich erklärte dem Mann, daß er seinen Sohn sicher nicht geschlagen hätte, wenn er den Konflikt erkannt hätte.

„Jetzt, da ich Bescheid weiß – was kann ich tun?"

Wir sprachen darüber, wie wichtig es für seinen Sohn sei, liebevoll berührt zu werden. Wenn der Vater wollte, daß sein Sohn ihm zuhörte, sollte er ihm den Arm um die Schultern legen und mit ihm einen Spaziergang machen, so daß beide ihre Augen schweifen lassen konnten. Bewegung würde ihren gemeinsamen kinästhetischen Kanal zusammenführen. Eine Unterhaltung Schulter an Schulter böte dem Sohn die beste Möglichkeit, den Worten des Vaters zu lauschen und darauf zu reagieren.

Einen Monat später erhielt ich ein Brief von diesem Mann. Er berichtete mir, daß er seinen Sohn seit unserer spätabendlichen Unterhaltung nicht mehr geschlagen habe. Sein Sohn höre ihm tatsächlich zu, wenn sie gemeinsam spazierengingen, und er selbst lerne genausoviel über seinen eigenen Geist wie über den seines Sohnes.

Alles zusammenbringen

Das Denkmuster Ihres Kindes herauszufinden ist so ähnlich wie ein Puzzle auseinanderzunehmen und wieder zusammenzusetzen oder in einem chinesischen Restaurant ein Menü zusammenzustellen: Wählen Sie einen Begriff aus der Spalte „Bewußtsein", einen aus der Spalte „Unterbewußtes" und einen aus der Spalte „Unbewußtes", und Sie haben Ihr persönliches Denkmuster. Die folgenden Kapitel werden Ihnen bei der richtigen Zusammensetzung des Puzzles helfen. Im Moment genügt es, einfach neugierig zu sein.

Wenn Sie herausfinden, wie der Geist Ihres Kindes arbeitet, verstehen Sie vielleicht allmählich Verhaltensweisen, die Sie in der Vergangenheit als rätselhaft und störend empfunden haben. Ich hoffe, daß Ihr größeres Wissen auch dazu beiträgt, daß Sie mit Ihrem Kind mitfühlen, wenn es in einer Lernsituation steckt, in der der Unterrichtsstil nicht seinem Denkmuster entspricht. Auch möchte ich Sie motivieren, Wege zu finden, die Lernbedürfnisse Ihres Kindes mehr zu berücksichtigen. Die Einzigartigkeit unserer Kinder ist schließlich unser wahrer Reichtum.

4

Wie Sie das Denkmuster Ihres Kindes identifizieren

Es gibt keine Genies. Einige von uns sind nur weniger geschädigt als andere.

Buckminster Fuller

Alle Eltern wissen um die individuellen Unterschiede ihrer Kinder. Wenn Sie mehr als ein Kind haben, ist es nicht ungewöhnlich, Vergleiche anzustellen, wie zum Beispiel „Sally hat sich sehr bemüht, aber Justin sitzt nur da und läßt die Zeit vergehen." Im Alltag mit Ihren Kindern bemerken Sie die sogenannten kleinen Dinge – Eigenschaften, die sie liebenswert und andere, die Sie verrückt machen. Sie bemerken, daß Ted anscheinend nie stillsitzen kann, daß Rosita immer „warum" fragt, wie sauber und ordentlich Kate, wie schweigsam Reggie ist oder daß Lana schon immer geschickte Hände hatte. Diese einfachen, alltäglichen Dinge, durch die sich die Kinder unterscheiden, helfen Ihnen zu verstehen, wie Ihr Sohn oder Ihre Tochter lernt.

Um das Denkmuster Ihres Kindes zu identifizieren, gehen Sie am besten ähnlich wie ein Detektiv vor: Sammeln Sie Hinweise, vertiefen Sie sich in das, was Sie bereits über Ihr Kind wissen und nehmen Sie bewußt die Verhaltensweisen und Eigenschaften wahr, die Sie vielleicht bisher als selbstverständlich erachtet haben. Lassen Sie sich auf das faszinierende Abenteuer ein, die Denkstruktur Ihres Kindes zu entschlüsseln und die Gründe für sein Verhalten herauszufinden!

Was wissen Sie bereits?

Sie als Eltern wissen mehr über Ihre Kinder als irgend jemand sonst. Sie waren dabei, als sie laufen, sprechen, lesen und schreiben lernten. Sie haben sie beobachtet, Sie haben ihnen zugehört, Sie haben sie ermutigt, als sie anfingen, ihre Begabungen und Interessen zu entwickeln. Sie haben ihnen geholfen, mit Enttäuschungen beim Lernen, mit zerbrechenden Freundschaften und frustrierenden Gesprächen fertigzuwerden.

Beginnen Sie Ihre ‚Detektivarbeit' am besten mit einer Zusammenstellung dessen, was Sie bereits über Lerngewohnheiten Ihres Kindes wissen. Nehmen Sie sich Zeit, um auf einem Tonband oder schriftlich all das festzuhalten, was Ihnen einfällt. Lassen Sie sich dabei von den folgenden Vorschlägen inspirieren.

- Denken Sie an die verschiedenen Erfahrungen, die Sie mit ihrem Kind gemacht haben, als es etwas Neues lernte, zum Beispiel schwimmen. Wollte Ihre Tochter, daß Sie ihr zuerst jeden Schwimmzug zeigten und dann mit ihr darüber sprachen, während sie es ausprobierte, oder ist sie einfach ins Wasser gesprungen und hat dann erst Fragen gestellt?
- Stellen Sie eine Liste mit den Interessen Ihres Kindes zusammen. Worauf ist es sehr neugierig? Welche Schulfächer fallen ihm leicht? Wo hat es Schwierigkeiten? Wo liegen seine Stärken? In welchen Fächern braucht es Nachhilfe? Gehen Sie alle Fächer durch: Musik, Kunst, Hauswirtschaft, Werken, Sport, aber auch Lesen, Schreiben, Mathematik, Rechtschreibung, Sozialkunde und Naturwissenschaften.

Lassen Sie Ihre Gedanken schweifen, wenn Sie sich mit diesen Fragen beschäftigen. Lassen Sie die Fragen los und kommen Sie wieder darauf zurück. Sie werden vielleicht überrascht sein, an was Sie sich alles erinnern.

Das Denkmuster Ihres Kindes

Am einfachsten läßt sich die Denkstruktur Ihres Kindes erkennen, wenn Sie darauf achten, wie es spricht und zuhört, wie es tanzen, lesen oder malen lernt und wie es sich sportliche Fertigkeiten aneignet. Das hilft Ihnen zu entdecken, nach welchem Muster der auditive, der kinästhetische und der visuelle Kanal bei Ihrem Kind kombiniert ist.

Nachfolgend finden Sie eine Liste mit allen möglichen Kombinationen von Wahrnehmungskanälen und Bewußtseinszuständen und den jeweils charakteristischen Merkmalen. Achten Sie darauf, bei welchem Merkmalskatalog (idealerweise jeweils einem aus der Gruppe „Bewußtsein", einem aus der Gruppe „Unterbewußtsein" und einem aus der Gruppe „Unbewußtes") Sie am ehesten an Ihr Kind denken. Nehmen Sie diese Hinweise zu Hilfe, um sein Denkmuster zu bestimmen.

Erwarten Sie aber bitte nicht, daß Ihr Kind exakt in eine dieser Kategorien paßt – dies ist bei niemandem der Fall. Zu jedem Muster gehört eine Reihe charakteristischer Verhaltensweisen und Eigenschaften, die sich bei den meisten Menschen gewöhnlich zusammen mit diesem Muster zeigen, aber wir sind *alle* auch Ausnahmen von der Regel. Unter den Menschen mit dem gleichen Muster gibt es eine große Variationsbreite. Es gibt Menschen mit dem Muster VAK, die sportlich sind, Menschen mit AKV, die viel lesen, andere mit dem Muster VKA, die sehr beredt sind. Wenn Sie also die Liste durchgehen, sollten Sie auf die Gesamttendenz achten und sich nicht in Einzelheiten verlieren.

Im *bewußten* Zustand wird der *kinästhetische* Kanal genutzt

Ihr Sohn oder Ihre Tochter:
- lernt und erinnert sich leicht an körperliche Tätigkeiten
- genießt sportliche Wettkämpfe
- organisiert die Arbeit gut
- beschreibt körperliche Empfindungen und Gefühle ohne Zögern
- ist bei Bewegung oder bei Einsatz der Hände voll bei der Sache

Im *bewußten* Zustand wird der *auditive* Kanal genutzt

Ihr Sohn oder Ihre Tochter:
- lernt und behält Gehörtes sehr leicht
- fühlt sich wohl beim Sprechen vor einer Gruppe
- verfügt über einen detaillierten und passenden Wortschatz
- ist beim Sprechen voll bei der Sache

Im *bewußten* Zustand wird der *visuelle* Kanal genutzt

Ihr Sohn oder Ihre Tochter:

- lernt und behält Gesehenes sehr leicht
- fühlt sich von Natur aus wohl, wenn er/sie gesehen wird, beim Schreiben oder beim Vorführen von Ideen
- organisiert die Dinge visuell mit Listen, schreibt Dinge auf, sorgt dafür, daß etwas gut aussieht
- ist sich visueller Details sehr bewußt
- ist vor allem beim Vorführen oder Aufschreiben voll bei der Sache

***

Im *unterbewußten* Zustand wird der *kinästhetische* Kanal genutzt

Ihr Sohn oder Ihre Tochter:

- sortiert durch Ausprobieren oder tut etwas auf viele verschiedene Arten
- richtet die Aufmerksamkeit nach außen über Bewegung, nach innen über Gefühle
- kann gleichzeitig fühlen und sich bewegen
- fühlt sich oft hin- und hergerissen

Im *unterbewußten* Zustand wird der *auditive* Kanal genutzt

Ihr Sohn oder Ihre Tochter:

- sortiert Dinge durch lautes Nachdenken
- richtet die Aufmerksamkeit nach außen durch Sprechen, nach innen durch Zuhören
- kann gleichzeitig sprechen und zuhören
- erörtert innerlich beide Seiten einer Unterhaltung

Im *unterbewußten* Zustand wird der *visuelle* Kanal genutzt:

Ihr Sohn oder Ihre Tochter:

- sortiert durch Schreiben, Zeichnen oder visuelle Vorstellung der Ordnungsmöglichkeiten
- richtet die Aufmerksamkeit nach außen über den Blick, nach innen über Visualisierung
- kann mit offenen Augen äußere und innere Bilder gleichzeitig sehen
- sieht Dinge gleichzeitig aus zwei Perspektiven

***

Im *unbewußten* Zustand wird der *kinästhetische* Kanal genutzt

Ihr Sohn oder Ihre Tochter:
- schaltet ab, wenn er/sie auf bestimmte Weise berührt wird oder sich bewegt
- ist schüchtern oder zurückhaltend, wenn er/sie sich über Bewegung oder Berührung äußert
- findet es leichter, ein allgemeines Gefühl zum Ausdruck zu bringen als bestimmte körperliche Empfindungen detailliert zu beschreiben
- vergißt leicht, wie körperliche Tätigkeiten ausgeführt werden

Im *unbewußten* Zustand wird der *auditive* Kanal genutzt

Ihr Sohn oder Ihre Tochter:
- schaltet ab, wenn er/sie zu viele Worte hört
- ist schüchtern oder zurückhaltend beim Sprechen, besonders mit Fremden oder in Gruppen
- vergißt leicht Gesagtes, Begriffe oder Titel; erinnert sich an den Tonfall

Im *unbewußten* Zustand wird der *visuelle* Kanal genutzt

Ihr Sohn oder Ihre Tochter:
- schaltet ab, wenn er/sie etwas zu lange betrachtet
- kann schüchtern sein, wenn er/sie sich durch Schreiben oder Zeichnen ausdrücken soll
- kann sich leichter an einen Gesamteindruck als an visuelle Details erinnern
- vergißt leicht, was er/sie gelesen oder gesehen hat

Egal, ob Sie das Denkmuster Ihres Kindes direkt erkannt haben oder nicht: Bleiben Sie bei der Sache und benutzen Sie dabei Ihren Geist wie ein Zoomobjektiv. Richten Sie Ihre Aufmerksamkeit abwechselnd auf einzelne Verhaltensweisen Ihres Kindes und dann wieder auf deren Gesamtheit. Bleiben Sie nicht bei einem Merkmal oder einem Wahrnehmungskanal hängen, um davon sofort auf ein Muster zu schließen.

Gehen Sie von dem, was Sie hier lesen, zu den Alltagserfahrungen mit Ihrem Kind über. Beteiligen Sie auch Ihr Kind an diesem Prozeß. Bitten Sie es, Ihnen etwas beizubringen. Das könnte etwas sein, wofür es im sich Augenblick sehr interessiert, also etwa Fußball spielen oder eine Algebraaufgabe lösen. Oder lassen Sie sich etwas Einfaches beibringen, wie zum Beispiel Schuhe zubinden. Welchen Kanal benutzt Ihr Kind zuerst? Welchen danach? Welchen zuletzt oder gar nicht? Wir unterrichten andere am leichtesten auf die gleiche Art, wie wir lernen.

Seien Sie geduldig. Und vor allem, haben Sie Vertrauen zu sich selbst. Es gibt keinen *richtigen* Weg, die Denkstruktur Ihres Kindes herauszufinden. Gestehen Sie sich die notwendige Freiheit dabei zu. Vielleicht finden Sie die Erkundung so spannend, daß Ihre Neugier auf das Denkmuster ihres Kindes wichtiger wird als dieses Denkmuster selbst.

Die Übersicht gängiger Verhaltensweisen auf den folgenden Seiten soll Ihnen helfen, das Denkmuster Ihres Kindes zu erkennen, indem Sie Ihre Beobachtungen zu erweitern und zu ordnen lernen. Wenn Sie diese Liste durchgehen, geben Sie bitte alte Annahmen und Urteile über das Verhalten Ihres Kindes und über die Gründe für dieses Verhalten auf. So erschließen sich Ihnen neue Wege, um Ihr Kind realistisch einzuschätzen.

Fragebogen zu den Denkmustern

Anleitung: Wählen Sie bei jeder Frage die Antwort, die am meisten zutrifft, und kreuzen Sie in der anschließenden Tabelle die entsprechende Spalte an. Ist mehr als eine Wahlmöglichkeit vorgegeben, so kreuzen Sie jeweils alle angegebenen Spalten an. Zum Beispiel: Beantworten Sie Frage 1 mit „a", markieren Sie sowohl die Spalte AKV als auch die Spalte AVK. Haben Sie alle Fragen beantwortet, zählen Sie die Kreuze in jeder Spalte zusammen. Die Spalte mit den meisten Kreuzen zeigt wahrscheinlich das Denkmuster Ihres Kindes an. Zur Überprüfung Ihres Ergebnisses lesen Sie dann bitte die anschließende Tabelle.

Was Sie leicht beobachten können:

1. Wie spricht Ihr Kind?

a. Die Worte sprudeln unaufhörlich ohne Zögern und logisch geordnet heraus; der Wortschatz ist sehr groß: AKV, AVK

b. Mein Kind ist befangen oder schüchtern beim Reden in Gruppen: VKA, KVA

c. Es verwendet viele Metaphern und Bilder: VAK, KAV

d. Es spricht meist über Handlungen, Gefühle, über das, was geschieht: KAV
e. Es bewegt die Hände, bevor es spricht, nimmt die Hände oder Bewegungen zu Hilfe, um Worte zu finden: VKA, KAV
f. Es redet im Kreis herum, stellt unaufhörlich Fragen: VKA, KVA

2. Wie würden Sie den Augenkontakt Ihres Kindes beschreiben?

a. Es hält unverwandt und stetig Augenkontakt: VAK,VKA
b. Es ist blickscheu; Augenkontakt für mehr als einige Sekunden ist ihm unangenehm, es schaut häufig weg: AKV, KAV
c. Es hält stetigen Augenkontakt, zwinkert aber, wenn er länger dauert: AVK, KVA
d. Seine Augen werden bei längerem Augenkontakt glasig: VKA, KVA

3. Wie würden Sie die Handschrift Ihres Kindes beschreiben?

a. Ordentlich und leserlich: VAK, VKA
b. Schwer zu lesen: AVK, KVA
c. Unreif, manchmal schlampig; es hat Schwierigkeiten, die Buchstaben zu formen: AKV, KAV

4. Woran erinnert sich Ihr Kind am leichtesten?

a. An das, was gesagt wurde: an Witze, Gedichte, Namen, Titel; es lernt auswendig durch mehrmaliges Aufsagen: AKV, AVK
b. An das, was es gesehen oder gelesen hat, an Gesichter von Menschen, daran, wie etwas aussieht; es lernt auswendig durch mehrmaliges Aufschreiben: VAK, VKA
c. Daran, was es getan oder erlebt hat, an das Gefühl oder den Geschmack von etwas; es lernt auswendig, indem es Dinge mehrmals tut: KVA, KAV

5. Wie würden Sie die körperlichen Bedürfnisse und Fertigkeiten Ihres Kindes beschreiben?

a. Es ist immer in Bewegung, zappelig, braucht Bewegungsfreiheit: KVA, KAV
b. Es kann leicht längere Zeit stillsitzen: AVK, VAK
c. Es ist unbeholfen oder leicht frustriert beim Erlernen einer körperlichen Tätigkeit: AVK, VAK
d. Es erlernt leicht körperliche Fertigkeiten: KVA, KAV

6. Wie reagiert Ihr Kind auf Berührung?

a. Es hat oft Hemmungen bei körperlichem Kontakt: AVK, VAK
b. Es berührt gerne und wird gerne berührt: KVA, KAV
c. Es reagiert auf Berührungen, indem es selbst berührt: AKV, VKA

7. Wie bringt Ihr Kind seine Gefühle zum Ausdruck?

a. Sehr zurückhaltend: VAK
b. Seine Gefühle scheinen direkt unter der Oberfläche zu liegen: AKV, VKA
c. Es bringt Gefühle leicht zum Ausdruck: AKV, KAV
d. Es bringt leicht Gründe für Gefühle zum Ausdruck: AVK
e. Es kann Gefühle kaum mit Worten ausdrücken: KVA

8. Unter welchen Bedingungen schaltet Ihr Kind ab?

a. Wenn es zu viele visuelle Details sieht, etwas gezeigt bekommt oder gefragt wird, was es sieht: AKV, KAV
b. Bei zu vielen Worten, Erklärungen oder Fragen über Gehörtes: VKA, KVA
c. Bei zu vielen Wahlmöglichkeiten, bei Berührungen oder Fragen, wie es sich fühlt: AVK, VAK

9. Was frustriert Sie am meisten am Verhalten Ihres Kindes?

a. Es kann nicht stillsitzen oder sich ruhig verhalten: AKV, KAV
b. Es macht körperlich auf sich aufmerksam, mit einem Schlag oder einem Stoß: KAV
c. Es gibt an: VAK
d. Es stichelt, ist vorlaut: AKV, AVK
e. Es wird schnell mißmutig oder zieht sich zurück: VKA, KVA
f. Es unterbricht einen, spricht unaufhörlich: AKV, AVK
g. Es jammert und beklagt sich dauernd: VKA

Fragen Sie Ihr Kind noch folgendes:

10. Woran erinnerst du dich am leichtesten, wenn du einen Film oder etwas im Fernsehen gesehen oder wenn du etwas gelesen hast?

a. An die einzelnen Szenen und das Aussehen der Menschen: VAK, VKA
b. Daran, was gesagt wurde oder wie die Musik klang: AKV, AVK
c. Daran, was geschah oder was die Darsteller fühlten: KVA, KAV

11. Was tust du, um dir eine Telefonnummer zu merken?

a. Ich sage sie mir vor oder höre sie in meinem Kopf: AKV, AVK
b. Ich sehe das Telefon oder die Ziffern vor mir: VAK, VKA
c. Ich fühle, wie ich den Hörer abnehme und wähle: KVA, KAV

12. Wenn du gerade jemanden kennengelernt hast, woran erinnerst du dich am leichtesten?

a. Daran, was ich mit ihm gemacht habe oder wie er sich fühlte: KVA, KAV
b. Daran, wie er aussah: VAK, VKA
c. An seinen Namen oder daran, was er sagte: AKV, AVK

13. Was erträgst du am wenigsten?

a. Gemeine, verletzende Worte: VKA, KVA
b. Aufdringliche, unerwünschte Berührungen: AVK, VAK
c. Böse Blicke: AKV, KAV

14. Wie baust du etwas zusammen?

a. Ich lese die Anleitung und versuche es dann. Wenn man mir etwas sagt, verwirrt mich das: VKA
b. Ich lese die Anleitung, stelle Fragen und rede mit mir selbst, während ich baue: VAK
c. Ich hantiere mit den Teilen und stelle dann, falls nötig, Fragen. Ich lese nie die Anleitung: KAV
d. Ich hantiere mit den Teilen, schaue mir die Zeichnung an und stelle dann Fragen: KVA
e. Ich lasse es mir von jemandem erklären, dann zeigen, und dann versuche ich es: AVK
f. Ich bitte jemanden, mir zu sagen, wie es geht, dann versuche ich es. Die Anleitung lese ich nur, wenn es nicht anders geht: AKV

15. Was ist dir in bezug auf Kleidung am wichtigsten?

a. Wie der Stoff sich anfühlt, wie bequem sie ist: KVA, KAV
b. Die Farben, wie sie an mir aussehen, wie sie zusammenpassen: VAK, VKA
c. Der Gedanke, was die Kleidung über mich aussagt, welches Bild von mir sie wiedergibt, die Marke: AKV, AVK

	AKV	AVK	KAV	KVA	VKA	VAK
1.						
2.						
3.						
4.						
5.						
6.						
7.						
8.						
9.						
10.						
11.						
12.						
13.						
14.						
15.						

Die Denkmuster im Überblick

Die Tabelle auf den folgenden Seiten bietet Ihnen kurze Beschreibungen der auffallendsten Merkmale jedes der sechs Denkmuster und ergänzt die Kenntnisse, die Sie mit Hilfe des Fragebogens über das Muster Ihres Kindes gewonnen haben.

	AKV	AVK
Sprachliche Charakteristika	Stellt durch Sprechen leicht Kontakt zu anderen her. Der Wortschatz ist sehr umfangreich. Hat viel Sprachgefühl und Gespür für Rhythmus. Erzählt anderen gerne, was sie tun sollen (natürlicher Anführer).	Stellt durch Sprechen leicht Kontakt zu anderen her. Der Wortschatz ist sehr umfangreich. Spricht sehr logisch über Fakten, Ideen, Pläne. Spricht gerne mit Erwachsenen und anderen Kindern.
Visuelle Charakteristika	Ist blickscheu, kann keinen Augenkontakt halten. Sieht das Gesamtbild. Seine/ihre Zeichnungen sind einfach. Unordentliche Handschrift, sehr persönlicher Stil.	Hält Augenkontakt aufrecht – die Augen blinzeln, die Lider zucken vielleicht. Kann gleichzeitig das Ganze und die Details wahrnehmen. Kann bildliche Vorstellungen in seinem/ihrem Kopf gegeneinander abwägen. Hat eine schwer leserliche Handschrift.
Körperliche Charakteristika	Angestaute Energie direkt unter der Oberfläche. Sportbegeistert – gute/r Trainer/in und Sportler/in. Ist bei Berührung zunächst vorsichtig.	Hat vielleicht nur ein oberflächliches Gefühl für seinen/ihren Körper. Ist bei körperlichen Aktivitäten ungeschickt und schnell frustriert. Bevorzugt ‚freie' Sportarten (Laufen, Schwimmen) statt Wettbewerbssportarten. Ist bei Berührungen gehemmt und verschlossen in bezug auf Gefühle.
Stärken beim Lernen	Lernt leicht bei Diskussionen und durch Lektüre. Kommt mit praktischen Lehrmethoden gut zurecht. Eventuell Schwierigkeiten beim Lesen, Schreiben, Buchstabieren. Lernt Sprachen durch Hören.	Lernt leicht bei Diskussionen und Vorträgen, ebenso durch Lesen. Hat Schwierigkeiten bei praktischen Tätigkeiten, beim Sport. Lernt leicht Sprachen durch Hören und Lesen.
Schaltet ab	Bei zu vielen visuellen Eindrükken, bei Fragen, was er/sie sehe.	Bei Berührungen, bei Fragen, wie er/sie sich fühle.
Typische Schwierigkeiten	Unterbricht andere. Eventuell neunmalklug, sarkastisch, vorlaut, treibt zuviel Unfug, verletzt andere mit seinen/ihren Worten.	Unterbricht andere. Beherrscht das Gespräch. Stellt viele Warum-Fragen.
Frustrationen	Ist oft unzufrieden, wenn er/sie versucht, Visionen in die Realität umzusetzen.	Kann seine/ihre Gefühle nur sehr schwer in Worte fassen. Lernt körperliche Fertigkeiten ohne gesprochene oder bebilderte Anleitung nur schwer.
Natürliche Begabungen	Ein/e Denker/in mit vielen Visionen, hat viele große Ideen. Möchte andere inspirieren.	Sehr kommunikativ – tauscht gern Gedanken aus. Möchte helfen.

	KVA	KAV
Sprachliche Charakteristika	Spricht gewöhnlich leise, sehr präzise. Spricht selten vor Gruppen. Braucht vielleicht lange, um Worte zu finden, macht große Pausen beim Sprechen. Braucht Ruhe beim Formulieren.	Genießt es, über persönliche Erfahrungen zu sprechen. Kann anderen gut Handlungsabläufe beibringen, Bewegungsmuster erklären. Erzählt gern Geschichten. Gebraucht Handbewegungen, um seine/ihre Worte zu finden.
Visuelle Charakteristika	Hält beständigen Augenkontakt – die Augen blinzeln, die Lider flattern vielleicht. Kann gleichzeitig auf das Ganze und die visuellen Details achten. Kann Bilder in seinem/ihrem Kopf von allen Seiten betrachten. Hat eventuell eine schwer leserliche Handschrift.	Ist blickscheu – kann Augenkontakt nicht aufrechterhalten. Erfaßt mit einem Blick das Ganze. Schafft Ordnung durch verschiedene Stapel. Ist sich visueller Vorstellungen meist nicht bewußt. Hat vielleicht eine unordentliche, aber stilistisch ausgeprägte Handschrift.
Körperliche Charakteristika	Findet am leichtesten Kontakt zu anderen durch gemeinsame Aktivitäten oder durch körperlichen Kontakt. Ist gerne aktiv, bewegt sich gern. Ist voller sanfter, angenehmer Energie. Bewegungen sind gewöhnlich gut koordiniert, er/sie ist von Natur aus athletisch. Liebt sportlichen Wettbewerb. Berührt gerne und wird gerne berührt. Lernt sehr leicht körperliche Fertigkeiten.	Findet am leichtesten Kontakt zu anderen durch gemeinsames Tun oder durch körperlichen Kontakt. Ist immer in Bewegung, immer tätig. Hat unendlich viel körperliche Energie. Gewöhnlich gute Körperkoordination, von Natur aus athletisch. Liebt sportlichen Wettbewerb. Berührt gerne und wird gerne berührt.
Stärken beim Lernen	Lernt sehr leicht mit praktischen oder experimentellen Methoden. Liest gut, wenn er/sie anhand von Erfahrungen, statt über die Phonetik lernen kann. Hat Schwierigkeiten beim Vorlesen und Vortragen. Hat Schwierigkeiten, sich bei Vorträgen zu konzentrieren oder sich an Diskussionen zu beteiligen.	Lernt sehr leicht körperliche Fertigkeiten. Lernt leicht mit praktischen oder experimentellen Methoden. Lernt gut bei Diskussionen. Kann Schwierigkeiten haben beim Lesen, Schreiben, Buchstabieren.
Schaltet ab	Bei langen mündlichen Erklärungen und Fragen, was er/sie denke oder gehört habe.	Bei zu vielen visuellen Eindrücken oder bei Fragen, was er/sie sehe.
Typische Schwierigkeiten	Kann mißmutig werden und sich zurückziehen.	Kann hyperaktiv werden, kann schlecht stillsitzen, zappelt herum.
Frustrationen	Kann Gefühle nur sehr schwer mit Worten ausdrücken.	Findet schwer sinnvolle Ziele für seine/ihre körperliche Energie.
Natürliche Begabungen	Liebt die Natur, besonders Tiere. Hat viele unterschiedliche Interessen (zum Beispiel Malen und Eishockey). Möchte unterschiedliche Elemente vereinen.	Ist sehr aktiv. Möchte etwas unternehmen, Dinge ausführen. Das, was er/sie tut, soll für andere nützlich sein.

	VAK	VKA
Sprachliche Charakteristika	Spricht nachdrücklich und mit Gefühl. Erzählt gern Geschichten, erklärt gerne und überredet oft andere. Redet laut, um Gedanken zu sortieren und Entscheidungen zu fällen. Verwendet Füllwörter wie „hm", „irgendwie", „nicht wahr". Überzeugt gern mit Worten.	Spricht umständlich über persönliche Erfahrungen. Muß die Hände oder den Körper bewegen, um zu sprechen. Braucht vielleicht lange, um Worte zu finden. Lange Pausen beim Formulieren. Spricht selten vor mehreren Leuten.
Visuelle Charakteristika	Stellt am leichtesten durch Augenkontakt eine Beziehung zu anderen her. Gefühle spiegeln sich im Gesicht wider. Hält Ordnung durch Listen, Notizen. Visuelle Ordnung ist wichtig. Saubere, leserliche Handschrift.	Stellt Kontakt zu anderen am leichtesten durch Augenkontakt her. Fühlt zugleich, was er/sie sieht. Hält Ordnung durch Listen, Notizen. Braucht visuelle Ordnung, um klar denken zu können. Hat eine ordentliche, leserliche Handschrift.
Körperliche Charakteristika	Kann lange stillsitzen. Ist bei körperlichen Aktivitäten ungeschickt und leicht frustriert. Hat nur ein oberflächliches Gefühl für seinen/ihren Körper; muß die Augen schließen, um Empfindungen wahrzunehmen. Ist bei Berührungen gehemmt, verschlossen in bezug auf Gefühle. Bevorzugt ‚freie' Sportarten (Laufen, Schwimmen) gegenüber Wettbewerbssportarten.	Angestaute Energie direkt unter der Oberfläche. Lernt leicht sportliche Fertigkeiten, gute/r Athlet/in. Kann körperliche Empfindungen mit offenen Augen ohne weiteres schildern. Ist vielleicht zögerlich bei Berührung. Liebt organisierten Sport, sportlichen Wettbewerb. Vermischt die Gefühle und Empfindungen anderer mit den eigenen.
Stärken beim Lernen	Liest begeistert, lernt schnell lesen. Lernt am besten, indem er/sie etwas liest und es durchspricht sowie durch Unterrichten anderer. Gut im Schreiben, Buchstabieren und Korrekturlesen. Hat beim Lernen Schwierigkeiten mit praktischen Tätigkeiten, mit strukturierten Bewegungsabläufen.	Lernt gut nach Bilderen lesen. Lernt durch Beobachten und Ausprobieren, ohne Erklärungen und Notizen. Gut im Schreiben, Buchstabieren und Korrekturlesen. Hat Schwierigkeiten beim Vorlesen und beim Berichten, konzentriert sich nur schwer auf Vorträge und nimmt nicht gern an Diskussionen teil.
Schaltet ab	Bei Berührung, bei Fragen, was er/sie tun wolle oder wie er/sie sich fühle.	Bei langen mündlichen Erklärungen, bei Fragen, was er/sie denke oder gehört habe.
Typische Schwierigkeiten	Gibt an. Kann übertrieben hilfreich sein, um einen guten Eindruck zu machen.	Kann jammern und klagen. Schließt sich eventuell zu sehr der Masse an.
Frustrationen	Kann Zeit schlecht einschätzen.	Hat Schwierigkeiten, selbst zu denken.
Natürliche Begabungen	Ist ein guter Lehrer/eine gute Lehrerin – zeigt und erklärt gern. Möchte aufklären.	Verhält sich partnerschaftlich, arbeitet gut mit anderen zusammen. Möchte Verbindungen zwischen den Menschen schaffen.

Verstehen, wie Ihr Kind versteht

Ich möchte Ihnen an einem Beispiel zeigen, wie eine Mutter schier unüberwindlich erscheinende Kommunikationsprobleme mit ihrem Sohn lösen konnte, weil sie dessen Denkmuster erkannte.

Sally war völlig frustriert. Sie schlug immer wieder ihre Beine übereinander und raufte sich die frisch gewellten, rotblonden Haare. Ihr siebenjähriger Sohn Richard rannte ziellos umher und warf zwischendurch einen Ball in das Netz, das über der Türe befestigt war. Sallys Stimme klang nasal, beinahe weinerlich, und sie sprach mit derselben Geschwindigkeit, mit der Richard in seinen roten Turnschuhen herumrannte.

„Er wurde schon getestet, und die Schulpsychologin hält ihn für hyperaktiv. Sie meint, er stecke voller Opposition. Sie möchte, daß ich ihm Ritalin gebe. Er will sich einfach nicht benehmen. Ich bin so frustriert, weil mir keine Alternative dazu einfällt. Ich habe in einer Elternzeitschrift einige Artikel gelesen, die von möglichen Nebenwirkungen des Medikaments berichten, aber die Schulpsychologin würde doch nichts empfehlen, was Richard schaden könnte? Er muß einfach lernen aufzupassen. Wenn ich mit ihm darüber spreche, stellt er sich stumm und taub. Letzte Woche ging ich mit ihm im Wald spazieren, und er wurde richtig gewalttätig. Er hob einen Stock auf und schlug damit gegen die schönen Pappeln, an denen wir vorübergingen. Sein Vater und ich haben das gemeinsame Sorgerecht, aber ich rede nicht mit meinem Ex-Mann, deshalb weiß ich nicht, wie es ist, wenn Richard bei ihm ist. Er ist Lastwagenfahrer. Ich glaube, wenn wir uns nicht sofort darum kümmern, wird Richard erwachsen und ... genauso wie sein Vater werden."

Sally, die Lehrerin und die Schulpsychologin glaubten, daß mit Richard etwas nicht stimme. Sally kam zu mir mit der Erwartung, daß ich das, was nicht in Ordnung ist, in Ordnung bringe, daß ich Richard verändere und therapiere. Aber ihr Sohn hat nicht deshalb Schwierigkeiten, weil etwas mit ihm nicht in Ordnung ist – die Probleme sind vielmehr durch einen Mangel an Verständnis dafür, wie sein Geist Erfahrungen aufnimmt und weitervermittelt, entstanden.

Sallys Denkmuster ist AVK. Ihr Gehirn organisiert Informationen anhand von Worten; sie bearbeitet Verwirrung visuell; äußere Einflüsse integriert sie sehr langsam und kreativ mit Hilfe von Gefühlen und Bewegung. Ihr Sohn Richard benutzt das gegenteilige Denkmuster: Sein Bewußtsein organisiert Informationen mittels Bewegung und Handlungen; im unbewußten Bereich ist er durch Worte und Variationen in der Stimmlage kreativ (KVA). Wenn *er* also in Bewegung ist, fühlt *sie* sich verwirrt und erschrickt. Wenn *er* mit einem Stock gegen Bäume schlägt, was für einen Siebenjährigen normal ist, hat *sie* den Eindruck, er sei brutal. Gesprochene Worte, *ihre* Stärke, sind *sein* Untergang. Sie sprechen sein Unbewußtes an und lassen ihn wegtreten. Seine Mutter und seine Lehrer deuten das als Tagträumerei. Wenn Richard versucht aufzupassen, indem er sich bewegt und damit seinen kinästhetischen Kanal erreichen will, nennen sie ihn hyperaktiv und meinen, er bräuchte Medikamente. Sicher liegt ein Körnchen Wahrheit darin, wenn sie ihn als oppositionell beschreiben – denn sein Gehirn arbeitet genau entgegengesetzt zu dem seiner Mutter und dem vieler Lehrer.

Anstatt ein Förderprogramm zu erstellen, lehrte ich Sally und Richard, wie Richards Geist arbeitet. Die Erkenntnis, daß Bewegung ihm hilft, aufmerksam zu sein, ermöglichte es seiner Mutter, sich angesichts seiner quirligen Energie wohlzufühlen, und sie half seinen Lehrern, ein geeignetes Lernprogramm zu erarbeiten, das sich auf konkrete, praktische Erfahrungen stützte.

Sally ist dabei zu lernen, Richard zu berühren, wenn sie mit ihm spricht. Sie läßt ihn praktische Aufgaben im Haus erledigen, um sein Selbstwertgefühl zu stärken. Sie malt für ihn, was sie ihm vorher immer wieder ohne Erfolg zu sagen versuchte. Ein sportliches Trainingsprogramm bietet ihm die Möglichkeit, seine überschäumende Energie zu kanalisieren, und er hat dabei Erfolgserlebnisse. Und ich zeige Richard, wie er erkennen kann, wenn zu viele Worte auf ihn eingestürmt sind, und wie er signalisieren kann, daß er überwältigt ist. Sowohl seine Leistungen in der Schule als auch die Beziehung zu seiner Mutter haben sich bereits enorm verbessert.

Noch nicht überzeugt?

Wenn Sie viel Zeit mit Ihren Kindern verbringen und neugierig sind, lernen Sie am besten, wie deren Geist arbeitet. Die ausführlichen Beschreibungen jedes Denkmusters ab Kapitel 5 werden Ihre diagnostische Sicherheit erhöhen.

Die Identifikation des Denkmusters, mit dem Ihr Kind arbeitet, sollte nicht das Ende eines Lernprozesses sein, sondern der Anfang.

Verwenden Sie bitte die Informationen und Vorschläge der folgenden Kapitel, um Ihrem Kind zu größerer Befriedigung beim Lernen und zu mehr Selbstvertrauen zu verhelfen.

5

Die Anführer der Meute: AKV Auditiv-kinästhetisch-visuell

Wir sind alle verschieden, hauptsächlich deshalb, weil wir unterschiedlich kombinierte Intelligenzen besitzen. Wenn wir das anerkennen, haben wir vermutlich zumindest eine Chance, angemessen mit den vielen Problemen umzugehen, mit denen wir konfrontiert sind.

Howard Gardner

- Lernt am leichtesten durch Hören/Erfahren/Sehen
- Drückt sich am leichtesten aus durch Sagen/Tun/Zeigen

Überblick

Beobachten Sie die verbal sehr gewandten und energiesprühenden Kinder mit AKV-Muster. Sie führen gern, übernehmen Verantwortung und geben anderen gerne Anweisungen. AKV-Kinder sprechen deutlich, sehr nachdrücklich, gefühlvoll und rhythmisch. Sie reden fast ununterbrochen. Sogar wenn sie nicht sprechen, machen sie gewöhnlich Geräusche, pfeifen, murmeln oder erzeugen Klangeffekte.

AKV-Kinder haben Schwierigkeiten zuzuhören und unterbrechen andere oft, besonders, wenn sie aufgeregt sind. Bei ihnen brodelt eine sehr starke Energie knapp unter der Oberfläche.

Die meisten Kinder mit AKV-Muster stapeln gerne Dinge auf und sammeln kleine Schätze. Sie sind blickscheu, können Augenkontakt nicht über längere Zeit ertragen. Im allgemeinen haben sie viele großartige Ideen und sind oft frustriert und unzufrieden, wenn sie nicht wissen, wie sie ihre Träume umsetzen können oder keine Möglichkeit dazu haben. Obwohl ihr gesprochener Wortschatz sehr umfangreich ist, kann lesen und schreiben lernen für sie eine langwierige, mühevolle Arbeit sein.

Sprachliche Charakteristika

Kinder mit dem AKV-Muster beherrschen das Sprechen von klein auf sehr gut. Sie diskutieren, streiten und debattieren gerne, sie stellen Fragen, erzählen Witze und erfinden Wortspiele. Es fällt ihnen leicht, Schlußfolgerungen zu ziehen und die anderer zu verstehen; sie antworten schnell auf mündliche Fragen. Oft können sie andere gut imitieren und übernehmen deren Akzent und Tonfall bemerkenswert genau. Sie sind manchmal Klugschwätzer, sarkastisch und vorlaut, oder sie albern herum. Ihre Stimme ist oft markant und auffallend.

Sie erinnern sich an das, was man ihnen sagt, und können dies oft Wort für Wort wiederholen: zum Beispiel Gedichte, Liedtexte, Reime und Witze, aber auch Werbesprüche, Flüche und ‚Familiengeheimnisse'. Nuancen in Bedeutung und Aussprache sind für sie oft wichtig.

Diese Kinder haben starke Gefühle und eine feste Meinung, die sie ohne Schwierigkeiten zum Ausdruck bringen können. Wenn sie ärgerlich sind, schreien oder streiten sie gerne. Sie gestikulieren mit den Händen, nachdem sie etwas gesagt haben, und unterstreichen damit das Gesagte. AKV-Kinder lassen sich durch Worte leicht verletzen, erkennen aber oft nicht, wenn sie selbst andere verletzen.

Körperliche Charakteristika

AKV-Kinder scheinen einen endlosen Vorrat an körperlicher Energie zu besitzen, den sie nicht so leicht freisetzen können. Während ihr Körper zeigt, wie sie sich fühlen, spiegelt sich ihr Befinden nur selten auf dem Gesicht wider; dieses erscheint die meiste Zeit fast ausdruckslos. AKV-Kinder verfügen manchmal über eine sehr flüssige Motorik und lernen körperliche Fertigkeiten leicht anhand mündlicher Anweisungen. Sie treiben im allgemeinen gern Sport und sind auch gute Trainer; sie sind sprachlich sehr gewandt, wenn sie anderen eine Übung erklären.

AKV-Kinder haben einen ausgeprägten Bewegungsdrang, der nur dann in den Hintergrund tritt, wenn sie vertieft sind ins Hören, Sehen oder Sprechen. Sie fühlen sich schnell unbehaglich, wenn sie für längere Zeit auf ein kleines Pult oder auf engen Raum beschränkt sind, besonders wenn sie umfangreicheres schriftliches Material zu bearbeiten haben. In der traditionellen Schule werden die AKV-Schüler von den Lehrern oft ermahnt, sich hinzusetzen und ruhig zu sein.

Kinder mit AKV-Muster sind ziemlich unabhängig, sie können gut selbständig arbeiten. Tatsächlich müssen sie bis zu einem gewissen Grad das Gefühl haben, selbst entscheiden zu können, was sie tun und wie sie es tun.

Typischerweise fühlen sich AKV-Kinder hin- und hergerissen, wenn sie eine Entscheidung treffen sollen. Oft geschieht dies, indem sie über jede Möglichkeit sprechen, sie ausprobieren und darauf achten, welches Gefühl sie dabei haben. Das mag den Eindruck erwecken, als seien sie zerstreut und könnten sich nicht entscheiden. Eine Kellnerin des AKV-Typs zum Beispiel, die sich zwischen zwei Arbeitsstellen entscheiden muß, führt am besten ein längeres Gespräch mit jedem Arbeitgeber und besichtigt beide Restaurants oder probiert sie vielleicht sogar aus, bevor sie die Stelle wählt, die ihr am meisten liegt.

AKV-Kinder können bei Körperkontakt etwas vorsichtig sein. Sie sind für Berührung aufgeschlossener, wenn sie sich mit neuen Bekanntschaften zuerst einige Zeit unterhalten haben.

Visuelle Charakteristika

AKV-Kinder entwickeln oft einen einzigartigen Stil, um ihre Besitztümer zu ordnen. Oft schaffen sie Ordnung, indem sie übersichtliche Stapel anhäufen. Die Dinge müssen nicht ordentlich aussehen, für gewöhnlich können AKV-Kinder mit visueller Unordnung gut leben. Sie sind meist große Sammler, wollen alles aufbewahren, was ihnen visuell interessant erscheint, alles, was sie je selbst geschrieben oder gemalt haben oder was man ihnen geschrieben hat.

Ihre Bilder sind häufig einfach, einzigartig und aussagekräftig, beim Malen oder Zeichnen erfassen sie den Gesamteindruck dessen, was sie wiedergeben wollen. Mit der Handschrift haben sie unter Umständen Schwierigkeiten, das Ergebnis sieht vielleicht unreif oder schlampig aus. Sie bestehen aber meist auf ihrem eigenen Schreibstil. Oft ist Perfektion der visuellen Form ihr Ziel, und sie sind frustriert, wenn sie es nicht erreichen.

Diese Kinder sind sehr zurückhaltend mit Augenkontakt, während sie zuhören. Sie werden oft wegsehen oder zwinkern, während sie sprechen. AKV-Kinder wählen das, was sie sehen wollen, oft sehr bewußt aus – seien es Filme, Fernsehprogramme oder die Ausstattung ihres Zimmers –, und sie werden sehr von dem beeinflußt, was sie sehen. Ein böser Blick kann nachhaltige Wirkung haben. Manchmal imitieren die Kinder das Erscheinungsbild oder den Rhythmus von etwas, was sie in Trickfilmen oder anderen Filmen gesehen haben.

AKV-Kinder treten angesichts zu vieler visueller Details geistig weg. Sie sind auch mit den Gedanken woanders, wenn man sie fragt, was sie sehen.

AKV-Kinder sind oft Träumer mit großen Visionen. Viele von ihnen haben eine lebhafte Phantasie; Ideen sprudeln nur so aus ihnen heraus. Sie bekommen jedoch Schwierigkeiten, wenn sie ihre Vorstellungen nicht schnell in die Tat umsetzen können.

Lesen lernen kann für AKV-Kinder eine sehr mühselige Angelegenheit sein. Sie haben manchmal Schwierigkeiten, Wörter visuell zu erfassen und sich an deren Aussehen zu erinnern. Ihr gesprochener Wortschatz ist oft sehr viel umfangreicher als ihr Lesewortschatz. Diese Kinder lieben es, wenn man ihnen vorliest, und hören lieber zu, als selbst zu lesen. Sie lesen nur unregelmäßig, aber wenn sie es tun, versenken sie sich sehr tief in ihr Buch. Wenn sie das Lesen beherrschen, wird es für manche von ihnen zu einer vergnüglichen, phantasievollen Fluchtmöglichkeit: Auf diese Weise ‚verreisen' sie am liebsten.

AKV-Porträt

Anne erinnert sich: „Einer meiner Schüler in der fünften Klasse war Jonathan, der unaufhörlich Seltsames und Unverständliches vor sich hin murmelte. Zunächst hätte ich behauptet, er habe eine schnelle

Auffassungsgabe. Ich unterhielt mich gerne allein mit Jonathan und war oft überrascht, wie klar er sich ausdrückte. Er fühlte sich wohl bei der Unterhaltung mit Erwachsenen und hatte immer einen Witz oder eine interessante Frage parat.

Jonathan schien einen inneren Brennofen zu besitzen, er war immer in Aktion, dachte immer über irgend etwas nach. Die anderen Schüler hielten ihn für ziemlich seltsam. Er blieb gerne für sich, außer im Frühjahr, wenn er Werfer, Kapitän und Trainer des Baseballteams der fünften Klasse war.

Mit den schulischen Anforderungen hatte Jonathan Schwierigkeiten. In seinen Akten sammelten sich die Bemerkungen der Lehrer und seine Testergebnisse, die zeigten, daß er ein großes Lernpotential besaß. In der vierten Klasse wurde er für ein Begabtenprogramm vorgeschlagen, aber sein Lehrer sprach sich letztlich gegen Jonathans Teilnahme aus. Es fiel Jonathan sehr schwer, einfachste Lese- und Mathematikaufgaben zu erledigen, er wurde nie rechtzeitig fertig. Er konnte sich in der Klasse nur schwer konzentrieren; gewöhnlich versprach er, das Versäumte zu Hause nachzuholen, aber nur selten erledigte er die Hausaufgaben wirklich. Der Berg von Dingen auf Jonathans Pult flog immer wieder in den Gang, in seiner ‚Ordnung' kannte nur er sich aus. Wie konnten wir ihn in einen Förderkurs stecken, wenn er schon mit den Grundlagen nicht zurechtkam?

In der fünften Klasse beschloß ich gemeinsam mit seinen Eltern, ihn für ein Semester probeweise in das Begabtenprogramm aufzunehmen. Die Lehrerin, Frau Nobel, mochte Jonathan und unterstützte unsere Entscheidung. Im Kurs über Quantenphysik entdeckte sie sein ‚geheimes' Talent im Zeichnen und Malen. Dies schien eine entscheidende Wirkung auf seine Selbstachtung und seine schulischen Leistungen auszuüben.

Jonathan bat mich um die Erlaubnis, sich von zu Hause einen Stuhl für sein Pult mitbringen zu dürfen; er könne besser lernen, wenn er das Gefühl habe, an einem Zeichentisch zu sitzen. Er war richtig aufgeregt, als ich es ihm erlaubte. Er stellte seinen Stuhl nahe ans Fenster, weil, wie er sagte, das „kreative Licht" dort hereinkäme. Innerhalb der nächsten Woche schleppte er einen leuchtend roten Kasten (für Angelzeug) an, der seine Kunstutensilien enthielt. Ich war erstaunt, als er mir zeigte, daß jeder Stift, jeder Marker und jeder Pinsel einen eigenen Platz hatte. Der Stolz auf seine künstlerischen Arbeiten und die Aufmerksamkeit, die ihm auf einmal gezollt wurde, kamen allmählich auch seinen täglichen Aufgaben zugute. Er beendete seine Aufgaben schneller, um Zeit für das Zeichnen zu gewinnen. Ich werde nie vergessen, wie er eines Tages darum bat, in der Pause im Zimmer bleiben zu dürfen, um sein Pult aufzuräumen!

Jonathan fand in seiner eigenen Kreativität eine wichtige Motivationsquelle. Die Möglichkeiten und die Ermutigung, die wir als Eltern und Lehrer boten, halfen ihm dabei, so daß in ihm allmählich der Wunsch nach schulischen Erfolgen entstand.

Kommunikation mit AKV-Kindern

Unterstützung ihres auditiven Kanals

AKV-Kinder möchten, daß man ihnen zuhört, mit ihnen redet und ihre Ideen schätzt. Nehmen Sie sich Zeit, um sich mit ihnen zu unterhalten. Ermutigen Sie sie dazu, sich an ihre alltäglichen oder an besondere Erfahrungen zu erinnern, Ihnen zu erzählen, was sie gesagt, gehört, getan oder gefühlt haben. Versuchen Sie es für den Anfang mit: „Worüber habt ihr heute in der Schule gesprochen?" Das ist besser als: „Was habt ihr gemacht?" Fragen Sie gelegentlich nach, worüber Ihre Kinder nachgedacht haben oder worauf sie neugierig sind. Lassen Sie sie wissen, daß Sie zuhören, indem sie nachfragen oder das, was Sie besonders interessiert, kommentieren.

AKV-Kinder können besser zuhören, wenn Sie das Gespräch einleiten. Zum Beispiel: „Ich möchte gern mit dir darüber sprechen, wie es in den Naturwissenschaften läuft." Stellen Sie dann eine Frage oder animieren Sie Ihr Kind zu einer Frage. Sie sollten lieber mit ihm diskutieren, anstatt ihm einen Vortrag zu halten, etwas vorzuschreiben oder es anzuschweigen. Wenn Sie eine Entscheidung erörtern oder treffen müssen, zum Beispiel, wohin die Familie in Urlaub fährt oder ob ein Haustier angeschafft wird, sollten Sie Ihr Kind nach seiner Meinung fragen und es am Entscheidungsprozeß beteiligen. Lassen Sie es wissen, daß Sie seine Meinung für wichtig halten.

AKV-Kinder wollen klare, einfache Erklärungen. Verbinden Sie neue oder bevorstehende Erlebnisse mit Erfahrungen aus der Vergangenheit. AKV-Kinder sind sehr empfänglich für Humor: Verstellen Sie Ihre Stimme, imitieren Sie einen Akzent oder erzählen Sie einen Witz, um Ihr Anliegen klarzumachen, auch in emotionsgeladenen Diskussionen. Haben Sie Geduld, wenn Ihr

Kind wiederholen muß, was es gehört hat. Vielleicht erzählt es dieselbe Geschichte drei verschiedenen Leuten. AKV-Kinder überprüfen auf diese Weise, ob sie etwas verstanden haben und teilen dadurch auch Ihnen mit, ob das, was Sie gesagt haben, angekommen ist. Fordern Sie Ihr Kind auf, die Dinge, an die es sich erinnern soll, jemand anders zu erzählen – einem Freund, dem Teddy oder der jüngeren Schwester.

AKV-Kinder bemerken alle Feinheiten Ihrer Redeweise. Gehen Sie immer davon aus, daß sie Sie gehört und verstanden haben. Scheuen Sie sich nicht, anspruchsvolle Wörter zu verwenden. Die meisten AKV-Kinder lieben die Herausforderung durch neue Wörter, und die meisten werden fragen, was ein unbekanntes Wort bedeutet. Anne bemerkt dazu: „Als mein Sohn Brian zwei Jahre alt war, sagte ich eines Abends bei der Vorbereitung des Essens, ich sei ‚frustriert'. Zwei Tage später hörte ich, wie Brian mit seiner kindlichen Stimme sagte: ‚Ich bin sooo frustriert!', während er versuchte, seine beiden großen Teddybären über den Rand seines Kinderbetts zu hieven." Lassen Sie Ihr Kind spüren, daß seine verbalen Fähigkeiten eine Stärke sind, und helfen Sie ihm, diese gut zu entwickeln.

Versuchen Sie ihm nahezubringen, daß in Unterhaltungen gewisse Regeln einzuhalten sind; AKV-Kinder neigen dazu, andere zu unterbrechen. Geben Sie ihnen zu verstehen, daß man ihnen nicht unendlich lange zuhören kann. Erinnern Sie sie daran, andere im Gespräch nicht zu unterbrechen, und verhalten Sie sich ihnen gegenüber genauso. Lassen Sie sie wissen, wann Sie Zeit für sie haben. Sagen Sie ihnen, wann Sie Ihre Telefongespräche beendet haben werden und sich ihnen ganz widmen können. Machen Sie ihnen aber auch klar, wenn Sie das Bedürfnis nach Ruhe verspüren, und respektieren Sie im umgekehrten Fall ihr Bedürfnis nach Ruhe.

Üben Sie interaktives Zuhören mit Ihren AKV-Kindern: Lassen Sie sie wiederholen, was Sie gesagt haben, bevor Sie weitersprechen; so können Sie kontrollieren, ob sie Ihnen zugehört haben.

Setzen Sie Ihren Kindern Grenzen. Sagen Sie beispielsweise: „Ich möchte wissen, was du mir gegenüber empfindest, aber sprich nicht in diesem respektlosen Ton mit mir." Denken Sie daran, daß Ihre Kinder aus Ihrer Stimme sehr leicht Ihre Gefühle heraushören.

Unterstützung ihres kinästhetischen Kanals

Bei AKV-Kindern wird das Gefühl der Selbstachtung gestärkt, wenn sie selbst bestimmen können, was sie tun und wie sie es tun.

Diese Kinder befolgen bereitwillig Regeln, die sie mitgestaltet haben. Verhandeln Sie mit ihnen, wenn sie ins Bett gehen sollen, lassen Sie sie innerhalb eines bestimmten Rahmens wählen: zum Beispiel, welche Zwischenmahlzeit sie einnehmen oder welches Fernsehprogramm sie sehen wollen. Da AKV-Kinder ihre Ordnung dadurch bestimmen, daß sie mit sich selbst oder mit anderen darüber sprechen, sollten Sie wöchentlich diskutieren, welche Arbeiten wann zu erledigen sind.

Wenn sie Musik hören, ändert sich bei AKV-Kindern oft die Stimmung. Sie entspannen sich dabei ebenso wie zum Beispiel beim gemeinsamen Singen oder beim Zuhören, wenn ihnen eine Geschichte erzählt wird. Musik, zu der sie tanzen können, animiert sie dazu, sich zu bewegen und einen Teil ihrer Energie kreativ umzusetzen. Von der Musik, die die Kinder wählen, können Sie auf ihre Stimmung schließen.

Sorgen Sie dafür, daß AKV-Kinder ihre physische Energie immer wieder loswerden. Ermutigen Sie sie zu selbst gewählten sportlichen Aktivitäten; einige mögen wahrscheinlich Mannschaftsspiele lieber, andere eher Einzelsportarten wie Gymnastik oder Kampfsport.

Schlagen Sie einen Spaziergang vor, wenn Sie emotionsgeladene Themen diskutieren wollen. Ein Gespräch über Gefühle wird den Wunsch nach Bewegung in Ihren Kindern wachrufen, denn wenn sie sich bewegen, finden sie leichter Zugang zu ihren Gefühlen. Gehen Sie Seite an Seite, damit der Blick schweifen kann. Bestehen Sie nie auf längerem Blickkontakt. AKV-Kinder können ihn nicht ohne weiteres aushalten und hören auch zu, wenn man ihnen nicht dauernd in die Augen schaut.

Berührung hilft AKV-Kindern, sich zu beruhigen. Es ist aber wichtig, daß Sie sie vorher um Erlaubnis fragen. Lassen Sie sie die ihnen gemäße Art von Kontakt wählen. Verzichten Sie darauf, ihre Gefühle zu interpretieren; berichten Sie ihnen statt dessen, was Ihnen an ihrer Körpersprache oder ihrer Stimme aufgefallen ist, und fragen Sie Ihre Kinder, wie sie sich fühlen.

Unterstützung ihres visuellen Kanals

AKV-Kinder sind häufig ‚Erfinder', Menschen mit Ideen. Ermutigen Sie sie, ihre Ideen zu erforschen und umzusetzen; lassen Sie sich detailliert davon erzählen, wie sich Ihr Kind die Verwirklichung vorstellt und welche Hilfe es brauchen würde.

Erwarten Sie nicht, daß AKV-Kinder etwas finden, wenn Sie nur mit dem Finger darauf deuten, mündliche Erklärungen wie „Es ist dort am Fenster neben dem Klavier" sind erfolgversprechender. Wenn Sie Ihrem Kind etwas aufschreiben oder anhand von Bildern erklären, sollten Sie es so klar und einfach wie möglich tun.

AKV-Kinder können besonders gehemmt sein, wenn man sie beobachtet oder Fotos von ihnen macht, und sie legen sehr viel Wert auf ihr Aussehen. Nehmen Sie Rücksicht auf diese Sensibilität. Erzwingen Sie keine Fotos. Verstehen Sie, daß Ihre Kinder in der Öffentlichkeit vielleicht schüchtern sind. Ermutigen Sie sie, die für sie passende Frisur und Kleidung auszusuchen.

Lassen Sie es zu, daß AKV-Kinder selbst bestimmen, was sie ansehen wollen. Zwingen Sie sie nicht dazu, Ihnen in die Augen zu sehen oder etwas anzuschauen, was schmerzlich oder unangenehm für sie ist. Beunruhigende Bilder können noch jahrelang immer wieder in ihrer Vorstellung auftauchen. Halten Sie Ihre Kinder dazu an, besonders darauf zu achten, was sie sich anschauen. Vertiefen sie sich einmal gebannt in eine Fernsehsendung, ‚verlieren' sie sich schnell darin und lassen sich oft stark beeinflussen. Fordern Sie sie auf, über das, was sie sehen oder lesen, zu sprechen. Was die Kinder sagen, hilft Ihnen beispielsweise bei der Vorauswahl der Lektüre.

Unterstützung im Alltag

Mit ihren schulischen Leistungen stellen Kinder mit AKV-Muster oft eine große Herausforderung für Eltern und Lehrer dar. Sie lernen leicht und können das Gelernte gut mündlich wiedergeben. Ihr verbales Können läßt die Erwartung aufkommen, daß sie die Schule mühelos und erfolgreich absolvieren werden. Es ist jedoch nicht einfach für sie, wenn sie für bestimmte Aufgaben ihren unbewußten visuellen Kanal auf eine für sie ungewohnte Weise aktivieren müssen, was besonders beim Lesen und Schreiben der Fall ist. Bis vor kurzem haben Lehrer darauf nur wenig flexibel reagiert, so daß manche Kinder mit dem AKV-Muster sowohl als „begabt", als auch als „lernbehindert" eingestuft wurden. Deshalb ist es unbedingt erforderlich, daß ihnen Lesen und Schreiben mit einer Methode beigebracht wird, die zu ihrem Denkmuster paßt.

Als Eltern können Sie Ihre AKV-Kinder am wirksamsten beim Lesen- und Schreibenlernen unterstützen, wenn Sie die Stärken ihres Lernmusters nutzen. AKV-Kinder merken sich leicht, was sie gehört und/oder worüber sie gesprochen haben. Sie genießen es, wenn man ihnen vorliest; tun Sie das, wenn möglich, regelmäßig. Ist das Interesse der Kinder einmal geweckt, unterbrechen Sie vertraute Sätze und fordern Sie die Kinder auf, diese mit ihren eigenen Worten zu vollenden. Mit der Zeit werden die Kinder die Wörter mit ihrem Klang verbinden. Wiederholen Sie gemeinsam die Wörter, die Ihre Kinder erkannt haben. Ihr Bedürfnis zu lesen und ihre Erfahrungen tragen dazu bei, daß der auditive und der visuelle Kanal miteinander verbunden werden. Lassen Sie sich von der Begeisterung Ihrer Kinder anstecken.

Haben AKV-Kinder einmal gelernt, alleine zu lesen, hilft es ihnen vielleicht, mit dem Finger die Zeilen entlangzufahren oder laut zu lesen. Die Verbindung von Bewegung und Lesen erhöht ihre Konzentration: Lesen sie im Schaukelstuhl sitzend, werden ihre Gedanken vermutlich nicht abschweifen. Bitten Sie sie, Ihnen später die Handlung der Geschichte, die sie gerade gelesen haben, zu erzählen oder vorzuspielen, denn sie können sie dann besser behalten und verarbeiten.

AKV-Kinder wählen vielleicht eine Zeitlang leicht zu lesende Bücher in Großdruck oder Bildergeschichten. Helfen Sie ihnen bei der Auswahl dieser Bücher, die ihrer Auffassungsgabe entgegenkommen.

Beim Schreiben kann der Bewegungsablauf manchen AKV-Kindern schwerfallen. Sorgen Sie dafür, daß die jüngeren Kinder auf großen Blättern schreiben lernen, um viel Platz für große Buchstaben zu haben. Sagen Sie ihnen Reime vor wie: „Aus Strich und Kreis wird leicht ein P, ein Kreis dazu, und flugs wird daraus B“, damit sie sich die Form der Buchstaben leichter merken können. Ermutigen Sie sie, Briefe an Freunde und Verwandte zu schreiben, speziell Karten, auf denen keine Linien vorgegeben sind. Fordern Sie sie auf, Geschichten über ihre Erlebnisse zu schreiben. Zunächst können auch Sie aufschreiben, was Ihnen die Kinder diktieren. Bringen Sie sie dazu, nach und nach immer mehr selbst zu schreiben. Ältere Kinder können ihre Geschichten oder ihren Aufsatz zunächst mit dem Kassettenrecorder aufnehmen. Bringen Sie ihnen bald bei, die Schreibmaschine oder den Computer zu benutzen. Lernen Sie zu verstehen, daß Schriftliches, sei es selbst produziert oder nicht, für Menschen mit diesem Denkmuster immer bedeutungsvoll ist. Loben Sie Ihre Kinder für ihre Bemühungen.

Im allgemeinen ist der Schulunterricht sehr auf visuelles Lernen ausgerichtet. Finden Sie heraus, was Ihre Kinder gerne tun, um ihre

Augen zu entspannen, oder was sie gerne anschauen, wenn sie sich ihren Tagträumen hingeben. Helfen Sie ihnen, sich dieses körperlichen Bedürfnisses nach Ausgleich überhaupt bewußt zu werden. Entdecken Sie gemeinsam die Vorlieben Ihrer Kinder – beobachten Sie die Wolken und den Sonnenuntergang oder gehen Sie in der offenen Landschaft spazieren.

AKV-Kinder lernen auswendig, indem sie sich etwas immer wieder vorsagen. Sie sind von Natur aus Rap-Künstler. Lassen Sie sie auf Kassette aufnehmen, von den Lippen ablesen und Bewegungen finden für das, was sie auswendig lernen müssen. Suchen Sie für neu zu lernende Wörter einen Rhythmus oder eine Liedzeile, oder erfinden Sie Anfeuerungsrufe. Fordern Sie AKV-Kinder auf, die Wörter beim Schreiben rhythmisch mitzusprechen. Sie können auch einen Ball hüpfen lassen oder einige Tanzschritte machen, während sie den Lernstoff wiederholen.

Wollen Sie Ihre Kinder beim Lernen neuer Sachverhalte unterstützen, fordern Sie sie am besten auf, Ihnen beizubringen, was sie schon wissen, und dann erst weiterzugehen. Dadurch festigt sich das Gelernte. Im allgemeinen lernen AKV-Kinder am besten, wenn man ihnen das Betreffende zunächst mündlich erklärt und sie es dann selbst ausprobieren können. Ermuntern Sie Ihre Kinder, dabei jeden einzelnen Schritt zu kommentieren. Schriftliche Anleitungen, Tabellen oder Beispiele wirken manchmal verwirrend auf AKV-Kinder. Wenn sie damit arbeiten müssen, hilft lautes Vorlesen oder eine Erklärung Ihrerseits, was zu sehen ist.

AKV-Kinder organisieren Dinge, indem sie sich selbst oder einer anderen Person erzählen, was sie tun werden. Sie schreiben sich ihre Aufgaben oft nur ungern auf. Wenn sie immer wieder Dinge vergessen, lassen Sie sich von ihnen täglich aufzählen, was sie zu tun haben.

Manchmal hilft es AKV-Schülern, wenn sie ihre Aufgaben bei Radiomusik erledigen. Zwar lenkt sie Lärm von außen vermutlich ab, selbst ausgesuchte Musik hingegen hilft ihnen möglicherweise dabei, sich zu konzentrieren.

Fazit

AKV-Kinder sind Führungspersönlichkeiten. Sie brauchen aufmerksame Zuhörer, Gelegenheiten, um ihre starke Energie einzusetzen, und viel Ermutigung, um ihre zahlreichen Hoffnungen und Träume zu verwirklichen.

6

Die Wortakrobaten: AVK
Auditiv-visuell-kinästhetisch

Behandle die Menschen so, als seien sie, was sie sein sollten, und unterstütze sie dabei, die Möglichkeiten, die in ihnen liegen, zu entfalten.

Nach Johann Wolfgang von Goethe

- Lernt am leichtesten durch Hören/Sehen/Erfahren
- Drückt sich am leichtesten aus durch Sagen/Zeigen/Tun

Überblick

AVK-Kinder kann man daran erkennen, daß sie viele Erwachsene in Grund und Boden reden können. Tatsächlich gelten AVK-Jugendliche oft als gescheit, da sie ihre Gedanken klar ausdrücken und in Unterhaltungen mit Erwachsenen gut mithalten können. Sie reden ununterbrochen, ohne Zögern und in logischem Zusammenhang. Ihr Wortschatz ist ziemlich abstrakt; sie interessieren sich für Fakten, begeistern sich in der Schule für die geschichtlichen Fächer und für Ideen aller Art. Von Sprachen sind sie oft fasziniert und lernen sie dementsprechend leicht. AVK-Kinder lieben das Geschichtenerzählen, aber auch Musik, Reime, Witze und Wortspiele. Sie erklären, debattieren, diskutieren und streiten mit Vergnügen über fast alles. Sie versuchen Zusammenhänge zu verstehen und möchten sie auch anderen nahebringen.

AVK-Kinder verschlingen Bücher und sind für wissenschaftliche Fächer stark motiviert. Praktische Tätigkeiten jedoch, das Erlernen körperlicher Fertigkeiten oder die Teilnahme am Sport empfinden sie oft als frustrierend und abschreckend. Sie verhalten sich bei Körperkontakt häufig gehemmt und können nur schwer über Gefühle sprechen.

Sprachliche Charakteristika

Die Welt der AVK-Kinder dreht sich um Worte. Gewöhnlich lernen sie früh sprechen. Sie zögern selten, irgend jemanden anzusprechen, und sie diskutieren gerne, besonders mit Menschen, die ihrer Meinung nach mehr wissen als sie selbst. Häufig benutzen sie auditive Formulierungen: „hören, sagen, klingen, verstehen" oder „nach Gehör spielen" und „Wir sprechen uns bald".

AVK-Kinder unterhalten andere gern mit Witzen und lustigen Geschichten, mit selbst erfundenen Gedichten und komischen Kommentaren. Sie verstecken sich gerne, um den interessanten Gesprächen der Erwachsenen heimlich zu lauschen.

AVK-Kinder traktieren ihre Umgebung mit Fragen, speziell mit Warum-Fragen. Sie wollen, daß man ihnen zuhört und antwortet. Lehrer und Eltern werfen ihnen oft vor, daß sie zu viel redeten oder andere nicht zu Wort kommen ließen. Es kann sein, daß sie versuchen, ein Gespräch an sich zu reißen, indem sie andere unterbrechen. Sie neigen dazu, nur selektiv zuzuhören, nur so lange aufmerksam zu bleiben, bis ihre Frage beantwortet ist.

Jugendliche mit AVK-Muster sind lieber in Gesellschaft als alleine; manche haben sogar Schwierigkeiten mit dem Alleinsein. Betreten sie einen Raum voll unbekannter Menschen, hören sie sich um, wo die interessanteste Unterhaltung stattfindet, um daran teilzunehmen.

Sie können sich sehr leicht merken, was sie gehört haben. Wenn sie schon früh behaupten, lesen zu können, sagen sie einen Text in Wirklichkeit oft nur auswendig auf. Sie sind im allgemeinen sehr gute Schüler, stellen interessante Fragen und bilden sich leicht eine eigene Meinung. Diese Kinder müssen reden, um zu lernen, und deshalb lernen sie am besten beim Diskutieren. Sie antworten schnell auf Fragen und haben immer etwas zu sagen. Dabei gliedern sie ihre Aussagen gewöhnlich Punkt für Punkt. Sie werden leicht ungeduldig, wenn andere Schüler verbal weniger gewandt sind. Am liebsten lernen sie unabhängig von anderen, da sie dann das Tempo selbst bestimmen und die Aufmerksamkeit des Lehrers auf sich ziehen können.

AVK-Kinder sprechen sehr ausdrucksvoll, aber ihr Gesicht bleibt ausdruckslos, wenn sie sich bewegen. Sie unterstreichen das Gesagte nur selten mit den Händen.

Visuelle Charakteristika

Die meisten AVK-Kinder lernen leicht lesen; für sie ist eine phonetische Methode geeignet. Mit Büchern erweitern sie ihren Wortschatz und die Liste ihre Fragen. Sie lassen sich gerne vorlesen und lesen auch selbst gern vor.

Schülern mit AVK-Muster liegt es, sowohl Forschungsberichte als auch Geschichten zu schreiben. Mit der Rechtschreibung haben sie kaum Probleme. Sie gestalten ihre Texte auch sehr gut. Allerdings ist ihre Handschrift oft nur schwer leserlich.

Obwohl sie Augenkontakt über längere Zeit aushalten, beginnen sie zu zwinkern, wenn man ihnen zu lange in die Augen schaut. Beim Formulieren eines Sachverhalts blicken sie oft zur Seite.

Kinder mit dem AVK-Muster nutzen unterbewußt den visuellen Wahrnehmungskanal, der ähnlich wie ein Zoomobjektiv funktioniert. Sie können gleichzeitig das Gesamtbild und die Details einer Situation erfassen. Bei einer schriftlichen Arbeit beispielsweise arbeiten sie jeden Diskussionspunkt gut aus, behalten dabei aber das Argumentationsziel im Auge. Sie können sowohl mit offenen als auch mit geschlossenen Augen Phantasiebilder erzeugen. Sie sind in der Lage, ein Thema aus vielen verschiedenen Perspektiven zu betrachten. Dennoch verwirrt es sie, wenn vieles gleichzeitig über ihren geistigen Bildschirm wandert.

Körperliche Charakteristika

AVK-Kinder erscheinen möglicherweise ungeschickt oder lassen sich leicht entmutigen, wenn sie eine körperliche Übung zum erstenmal ausführen. Sie interessieren sich oft sehr für Hobbys und Experimente, die handwerkliches Geschick erfordern, sind aber todunglücklich, wenn sie sich dabei ungeschickt verhalten. Es kann für sie recht schwierig sein, den Rhythmus einer Musik über längere

Zeit ohne visuelle Hilfen beizubehalten. Um Bewegungen oder manuelle Fertigkeiten zu erlernen, brauchen sie Metaphern, die ihnen helfen, das vor sich zu sehen, was sie tun sollen.

AVK-Kinder meiden es häufig, sich mit anderen körperlich zu messen. Sie haben oft Probleme bei sportlichen Übungen mit festgelegtem Bewegungsablauf und ziehen deshalb Sportarten mit viel Bewegungsfreiheit vor, zum Beispiel Laufen, Tanzen, Skifahren oder Schwimmen. Wenn sie die Wahl haben, verbringen sie die Schulpausen am liebsten mit Lesen.

Kinder mit AVK-Muster brauchen viel Abwechslung bei dem, was sie tun. Deshalb mag ihr Verhalten manchmal unbeständig erscheinen. Sich wiederholende Handlungsabläufe finden sie langweilig. Um der Langeweile auszuweichen, fangen sie oft eine Sache an, machen dann mit etwas anderem weiter und kommen danach wieder auf die erste Sache zurück. Oder sie erledigen Routinearbeiten jedesmal auf andere Art.

Manche AVK-Kinder können insbesondere bei neuen oder langwierigen Aufgaben nur schwer einschätzen, wieviel Zeit sie dafür brauchen. Möglicherweise fällt ihnen auch die Entscheidung über das, was sie tun wollen, schwer, so daß sie oft etwas anfangen und es dann nicht beenden.

Typischerweise haben AVK-Kinder nur ein sehr vages Körpergefühl. Da sie ihren Körper als Ganzes empfinden, fällt es ihnen sehr schwer, bestimmte Einzelheiten zu erkennen und zu benennen. Sie können Körpersignale oft lange Zeit ignorieren.

AVK-Kinder sind nur dann sprachlos, wenn sie nach ihren Empfindungen und Gefühlen gefragt werden. In ihrem Lernmuster besteht keine direkte Verbindung zwischen Worten und Gefühlen (A – K); sie brauchen ein visuelles Bindeglied dazwischen. Sie müssen in Ruhe ein inneres Bild aufbauen können, um diese zwei Kanäle zu verbinden und Zugang zu ihren Gefühlen zu finden. Es fällt ihnen schwer, diese in Worte zu fassen, und sie brauchen dazu sehr lange. Anstatt Ihnen zu sagen, wie sie sich fühlen, werden sie Ihnen genauestens die Gründe für ihre Gefühle nennen. Wenn sie etwas sehen, können sie dabei sehr starke Gefühle entwickeln.

Ganz allgemein sind AVK-Kinder sehr zurückhaltend, wenn sie über körperliche Dinge, insbesondere über körperliche Zuneigung, sprechen sollen. Es ist ihnen angenehmer, Zuneigung dadurch zum Ausdruck zu bringen, daß sie dem anderen sagen, was ihnen an ihm gefällt. Wenn sie wütend sind, schreien oder streiten sie meistens.

AVK-Kinder schalten oft ab, wenn man sie berührt oder sie fragt, was sie tun wollen oder wie sie sich fühlen. Sie verhalten sich jeder Berührung gegenüber sehr zurückhaltend, es sei denn, sie sind mit der betreffenden Person vertraut. Sie erinnern sich lange an positiv und negativ empfundene körperliche Kontakte. Es fällt ihnen schwer, mit unerwünschten, aufdringlichen Berührungen umzugehen. Diese verfolgen sie noch lange.

AVK-Porträt

„Virginia, eine Schülerin der fünften Klasse, schien sehr eifrig zu sein, und ich habe das in den ersten paar Wochen für Ernsthaftigkeit gehalten", erinnert sich Anne. „Sie trug eine Brille und hatte immer die Nase in irgendein Buch gesteckt; ich kenne niemanden sonst, der so neugierig ist. Eine Weltenzyklopädie zählte zu ihren Lieblingsbüchern; einmal erzählte sie mir, das beste daran sei die Spalte ‚Siehe auch' am Ende jedes Artikels – damit würden ihre Gedanken in Richtungen gelenkt, auf die sie von selbst nicht gekommen wäre.

Meine Meinung über Virginia änderte sich entscheidend, als die Kinder eines Tages im November mündlich über ein Buch berichten sollten. Virginia interessierte sich leidenschaftlich für berühmte Frauen der Geschichte: für Kleopatra, Harriet Tubman (US-amerikanische politische Aktivistin, ca. 1820-1913), Amelia Earhart (US-amerikanische Pilotin, 1897-1937) und für die ‚Frau des Monats', Königin Elizabeth I. Virginia referierte zunächst flüssig das Leben der Monarchin. Nachdem sie jedoch etwa die Hälfte ihres fünfminütigen Vortrags hinter sich hatte, setzte sie sich eine Krone auf den Kopf, und der Körper, das Gesicht und die Stimme der Zehnjährigen verwandelten sich völlig in ‚Liz'. (Sie bat uns, sie so zu nennen!) Virginia ahmte den englischen Akzent perfekt nach und flocht witzige Bemerkungen in ihren königlichen, historisch genauen Monolog ein. Die Kinder und ich bogen uns vor Lachen, und Virginia war offensichtlich mit sich zufrieden, als sie sich mit einem verschmitzten Lächeln wieder hinsetzte. ‚Liz' machte ihr so schnell keiner nach.

An jedem letzten Freitag des Monats, gleich nach dem Essen, brachte uns Virginia auf meine Einladung hin eine weitere historische Person nahe. Manchmal kam unser ‚Gast' aus dem Geschichtsbuch, manchmal überraschte Virginia uns mit ihren Einfällen. Wir arbeiteten gemeinsam, sie lernte immer besser, Material zusammenzutragen, und ich half ihr, ein Gefühl für das Leben jeder Person und das jeweilige Zeitalter zu entwickeln. Als Virginias Zutrauen in ihre Arbeit wuchs, wurden aus den Monologen Dialoge; sie forderte ihr Publikum ganz mutig auf, Fragen zu stellen, die sie aus der Sicht der jeweiligen historischen Person sehr sensibel beantwortete. Virginia war selbst erstaunt, wie sehr sie sich in diese berühmten Menschen einfühlen konnte. Sie lernte mit Feuereifer und erfüllte unser Geschichtsbild mit neuem Leben."

Kommunikation mit AVK-Kindern

Unterstützung ihres auditiven Kanals

Wenn Sie mit AVK-Kindern sprechen, gehen Sie immer davon aus, daß diese verstehen, was Sie sagen. Vermeiden Sie es, von oben herab mit ihnen zu sprechen und wiederholen Sie nicht immer wieder das gleiche. Sind Sie nicht sicher, ob Ihr Kind Sie verstanden hat, fragen Sie lieber nach, anstatt dasselbe noch einmal zu wiederholen. Wählen Sie Ihre Worte so präzise wie möglich. AVK-Kinder begreifen schnell und achten genau auf inhaltliche und sprachliche Feinheiten. Wenn sie das Gefühl haben, Ihr Kind ist verwirrt, fordern Sie es auf, Fragen zu stellen.

Nehmen Sie sich Zeit, um Ihren AVK-Kindern wirklich zuzuhören; sie wissen das zu schätzen. Tun Sie nicht so, als ob. Sagen Sie ihnen, wenn sie nicht zuhören können, und nehmen Sie das Gespräch wieder auf, wenn Sie dazu in der Lage sind. Lassen Sie die Kinder spüren, daß Sie zuhören, indem Sie auf das eingehen, was sie gesagt haben.

Ermuntern Sie Ihre AVK-Kinder, selbst gute Zuhörer zu werden. Machen Sie ihnen klar, daß sie andere nicht unterbrechen sollen. Erzählen Sie Geschichten mit einer überraschenden Pointe, damit sie Ihnen bis zum Schluß zuhören. Lenken Sie ihre Aufmerksamkeit auf die Geräusche der Bäume, das Schnurren einer Katze oder auf ihren eigenen Herzschlag. Helfen Sie ihnen, eine Sprache zu entdecken, die tiefer geht als Worte.

Kinder mit dem AVK-Muster reagieren sehr sensibel auf die Worte und die Stimme eines anderen Menschen, aber sie sind sich manchmal nicht bewußt, welche Wirkung ihre eigenen Worte auf andere haben. Wenn Sie wiederholen, was Ihre Kinder gesagt haben, können diese Inhalt und Sprachduktus des Gesagten überprüfen.

Unterstützung ihres visuellen Kanals

Unternehmen Sie mit Ihren AVK-Kindern Dinge, die visuelle Aufmerksamkeit erfordern: Lesen Sie gemeinsam Bücher und Aufsätze, besonders solche, in denen unterschiedliche Perspektiven zum Ausdruck kommen, und diskutieren Sie darüber. Spielen Sie Karten mit Ihren Kindern, verreisen Sie mit ihnen und sprechen Sie über das, was Sie gesehen haben.

Unterstützen Sie die Kinder dabei, Dinge, durch die sie sich herausgefordert oder verwirrt fühlen, genau zu betrachten. Ermutigen Sie sie, ein Tagebuch zu führen, damit sie ihr Denken durch das Schreiben weiter strukturieren können. Regen Sie sie an, Geschichten mit unterschiedlichem Ausgang zu erfinden, damit sie entdecken können, welche Möglichkeiten ihnen entsprechen und einen Sinn ergeben.

Helfen Sie Ihren Kindern beim Entdecken von Metaphern, die ihre Erfahrungen wiedergeben. Empfinden sie ihr Leben wie eine Bergbesteigung, wie eine Jagd nach Schätzen oder eine Reise auf dem Ozean? Bringen Sie ihnen bei, ihren Blick wie ein Zoomobjektiv einzusetzen: Sie betrachten bei wichtigen Ereignissen zuerst die Details und erweitern dann die Perspektive, um zu sehen, welches Gesamtbild die Situation ergibt.

AVK-Kinder werden wegsehen beim Formulieren; erwarten Sie keinen längeren Augenkontakt.

Unterstützung ihres kinästhetischen Kanals

Wenn Ihre Kinder zu schnell sprechen oder unaufhörlich widersprechen, können Sie sie auf der kinästhetischen oder visuellen Ebene ansprechen, um sie zu beruhigen. Laden Sie sie zu einem Spaziergang ein oder setzen Sie sich neben sie (nicht ihnen gegenüber). Bitten Sie sie, ein Bild zu malen oder mit Farben auszudrücken, was in ihnen vorgeht bzw. passiert ist.

Auch wenn Sie Ihrem Kind die Hand auf die Schulter legen, kann das von der verbalen Ebene ablenken. Außerdem können Sie mit einer ‚kinästhetischen Frage' die Situation verändern. Fragen Sie Ihr Kind, wie es sich fühlt. Warten Sie schweigend auf seine Antwort; kinästhetisches Vokabular – Worte des Handelns und Fühlens – hat es nicht sofort parat.

AVK-Kinder erwarten Respekt und Verständnis für ihr Bedürfnis, körperliche Tätigkeiten auf ihre eigene, manchmal langsame Art zu lernen und auszuführen. Überlassen Sie ihnen die Führung, wenn Sie gemeinsam etwas unternehmen. Lassen Sie sie zum Beispiel Tempo, Route und Strecke eines Spaziergangs oder einer Radtour bestimmen.

Vermeiden Sie Kitzeln, Schubsen oder sonstige Streiche. Bleiben Sie mit Späßen auf der verbalen Ebene, auf der diese Kinder nicht nur mithalten, sondern glänzen können.

Wenn Sie ihnen körperliche Fertigkeiten beibringen wollen, sollten Sie zuerst mit ihnen darüber sprechen, ihnen dann den Bewegungsablauf zeigen und sie es schließlich selbst versuchen lassen. Bestehen Sie nicht auf exakter Nachahmung. Ihre Kinder brauchen Freiraum und genügend Zeit, um die Dinge selbständig auszuprobieren.

Unterstützung im Alltag

Kinder mit dem AVK-Muster absolvieren die Schule meist erfolgreich. Mit ihren verbalen Fähigkeiten können sie es in der akademischen Welt weit bringen. Leider werden sie oft besonders ungeduldig, wenn sie körperliche Fertigkeiten lernen sollen, weil sie dabei viel langsamer vorankommen.

Machen Sie als Eltern Ihren AVK-Kindern immer wieder Mut, trotz ihrer langsamen körperlichen Auffassungsgabe körperliche Fertigkeiten zu erlernen. Helfen Sie ihnen auch zu erkennen, wie befriedigend es sein kann, theoretisch Gelerntes praktisch umzusetzen.

AVK-Kinder haben in der Schule nie Zeit genug, um den Lernstoff mündlich so aufzubereiten, daß er auch sitzt. Sie stellen permanent Fragen und haben das dringende Bedürfnis, das, was sie verstehen, mit ihren eigenen Worten zu wiederholen. Eltern können diese Kinder unterstützen, indem sie sich Zeit zum Zuhören nehmen. Sie können die Kinder auch auf Band sprechen lassen, so daß diese sich selbst hören, oder sie zum Singen oder Spielen ermuntern.

Zu sehen und zu erleben, was sie gerade lernen, kann auf AVK-Kinder eine starke Wirkung ausüben. Sorgen Sie dafür, daß das Lernen für sie zu einer lebendigen Sache wird. Werden in der Schule zum Beispiel die europäischen Staaten durchgenommen, erzählen Sie ihnen, welche Sie bereits besucht haben oder berichten Sie von Bekannten, die in den jeweiligen Ländern leben. Sind die Kinder an

Politik interessiert, nehmen Sie sie mit in eine Sitzung des Gemeinderats, damit sie dort zuhören können.

Helfen Sie Ihren Kindern dabei, ihren Erfahrungsschatz zu erweitern, indem Sie sie oft nach ihrer Meinung fragen. Unterhalten Sie sich mit ihnen über Dinge, die Sie interessant finden, egal ob es um das Verfassen von Komödien, um afrikanische Trommeln oder um Automechanik geht. Beziehen Sie Ihre Kinder mit ein, wenn Sie Entscheidungen diskutieren, die diese betreffen.

Unterstützen Sie jede noch so geringfügige körperliche Betätigung, aber zwingen Sie AVK-Kinder nicht zum Mannschaftssport. Lassen Sie sie selbst eine Sportart wählen und ermutigen Sie sie, Bewegungsabläufe in kleinen Schritten zu lernen.

AVK-Kinder planen etwas, indem sie darüber sprechen, was getan werden muß, oder indem sie sich Notizen machen. Halten Sie sie dazu an, sich auch ihre Arbeiten zu notieren.

Kinder mit dem AVK-Muster lernen Dinge durch wiederholtes Aufsagen auswendig. Deshalb kann es sehr wirkungsvoll sein, das Lernpensum in ein Lied oder einen Reim einzubauen. Vielleicht hilft es ihnen auch, wenn sie den Stoff auf ein Band sprechen, das sie dann abhören, oder nur die Lippen zu bewegen.

Für viele AVK-Kinder ist Ruhe beim Lernen sehr wichtig. Manche lassen sich durch Lärm stark ablenken und brauchen vollständige Ruhe, um sich zu konzentrieren. Andere können auch bei Hintergrundmusik oder Lärm von draußen lernen.

Einige AVK-Kinder können sich ihre Schularbeiten nur schlecht einteilen, insbesondere langfristige Projekte. Zeigen Sie ihnen, wie sie längere Aufgaben in kleine Einheiten unterteilen und sich dafür realistische Termine setzen können. Ermutigen Sie sie, ihren Zeitplan abwechslungsreich zu gestalten. AVK-Kinder langweilen sich schnell, wenn sie längere Zeit das gleiche tun müssen, und darunter leidet letztlich die Qualität der Arbeit.

Wenn sie bestimmte Projekte planen, sprechen AVK-Kinder oft sehr ausführlich darüber, was sie tun wollen, aber sie neigen dazu, sich zu überschätzen, was die praktische Ausführung anbelangt. Unterstützen Sie diese Kinder, möglichst einfache Dinge zu planen.

Fazit

AVK-Kinder sollte man dabei unterstützen, Gedanken und Fragen zu entwickeln, die ihre Perspektive erweitern, und sie sollten lernen, das auszusprechen, was in ihnen vorgeht.

7

Fit durch Bewegung: KAV Kinästhetisch-auditiv-visuell

Kreatives Denken kann einfach die Erkenntnis sein, daß es keine besondere Tugend ist, etwas weiterhin so zu machen, wie es immer schon gemacht wurde.

Rudolph Flesch, Erzieher

- Lernt am leichtesten durch Erleben/Hören/Sehen
- Drückt sich am leichtesten aus durch Tun/Sagen/Zeigen

Überblick

KAV-Kinder sind an ihrem kräftigen, beweglichen Körper und ihren schüchternen, sensiblen Augen zu erkennen. Sie scheinen immer in Bewegung zu sein und können schlecht stillsitzen. Sie machen ihre Erfahrungen körperlich – durch Berühren, Schmecken, Riechen oder mit Hilfe ihrer Hände oder ihres ganzen Körpers. Meist koordinieren sie ihre Bewegungen sehr geschickt, sind von Natur aus athletisch und bevorzugen Wettbewerbssportarten.

KAV-Kinder stellen durch flüchtige Blicke Augenkontakt her. Ihre Handschrift wirkt oft unreif und unordentlich. Oft lesen und schreiben sie nur widerwillig; sie brauchen sehr lange, um Aufgaben zu beenden, die beides erfordern. Wenn sie im Unterricht ruhig sitzen und sich visuell konzentrieren sollen, verlieren sie sich oft in Tagträumen oder schalten ab.

Kinder mit KAV-Muster sind oft liebevoll, sogar anschmiegsam. Sie berühren gerne und werden gerne berührt. Gewöhnlich sprechen sie offen über ihre Gefühle und ihre persönlichen Erfahrungen.

Körperliche Charakteristika

KAV-Kinder scheinen einen unerschöpflichen Energievorrat zu haben. Sie zappeln in der Klasse meist herum, wippen mit den Füßen, kauen Kaugummi, drehen an den Haaren, nagen an Stiften herum oder laufen häufig zur Toilette oder zum Waschbecken.

KAV-Kinder erlernen körperliche Fertigkeiten sehr leicht. Ihre Bewegungen sind kräftig, stetig, unmittelbar und exakt. Sie arbeiten gerne mit den Händen: Im Kleinkindalter wählen sie oft Spiele, bei denen sie etwas aufbauen können; ältere KAV-Kinder basteln dagegen gerne an Autos herum oder arbeiten mit Holz oder sonstwie handwerklich.

Kinder mit dem KAV-Muster sind sehr geschickt, wenn sie etwas tun, sie bewegen sich lieber, als an ihrem Schreibtisch zu sitzen. Im allgemeinen ist ihr körperliches Durchhaltevermögen erstaunlich groß und ihr Arbeitsablauf logisch organisiert. Häufig melden sie sich freiwillig für Botendienste und andere Aktivitäten.

KAV-Kinder finden leicht Zugang zu ihren körperlichen Empfindungen und können sie exakt benennen: Sie wissen genau, wo ihr Kopf wehtut, welcher Beinmuskel gezerrt ist oder an welcher Stelle sie am Rücken gekratzt werden möchten. Körperliche Bequemlichkeit ist für KAV-Kinder sehr wichtig. Sie geben sich unter Umständen große Mühe, den richtigen Stuhl, die richtige Sitzposition oder bequeme Kleidung aus einem Material zu finden, das sich auf der Haut gut anfühlt.

Eine Beziehung über zwanglose Berührungen herzustellen, ist für KAV-Kinder etwas Natürliches. Sie brauchen Berührungen und wollen andere berühren. Wenn jüngere Kinder körperlich vernachlässigt werden, gehen sie vielleicht dazu über zu schlagen oder zu stoßen, um überhaupt Körperkontakt zu erfahren. Ältere KAV-Schüler sind schon sehr früh sexuell aktiv, wenn ihr Bedürfnis nach Berührung nicht auf andere Weise erfüllt wird.

Im allgemeinen sind sich KAV- Kinder ihrer Gefühle sehr stark bewußt. Diese lassen sich jedoch nicht auf ihrem Gesicht ablesen. Menschen mit KAV-Muster haben häufig relativ ausdruckslose Gesichter, aber eine ausgeprägte Körpersprache. Ihren Ärger bringen sie meist durch Wutanfälle, Herumwerfen von Gegenständen, Schlagen oder sonstiges Agieren zum Ausdruck.

Sprachliche Charakteristika

Bei KAV-Kindern gehen Gesten oft der Formulierung eines Gedankens voraus, als helfe ihnen die Bewegung – wie der Stab eines Dirigenten –, die Worte herauszubringen. Diese Kinder sprechen gerne und präzise darüber, was sie getan, wie sie es getan und wie sie sich dabei gefühlt haben. Bei Diskussionen über abstrakte Ideen langweilen sie sich nach kurzer Zeit. Ihr Vokabular ist überwiegend kinästhetisch: Meist benutzen sie Formulierungen, die Handlungen oder Gefühle beschreiben, wie zum Beispiel „ein Gefühl für etwas bekommen", „Wie findest du das?" oder „Ich bekomme das nicht in den Griff". Ein Gespräch beenden sie vielleicht mit „Ich treffe dich später noch" oder „Wir sollten uns bald wieder treffen".

KAV-Kinder haben eine besondere Begabung, anderen praktische Tätigkeiten zu erklären. Sie erzählen gerne Geschichten von eigenen Erlebnissen und benutzen dabei häufig kinästhetische Metaphern. („Du mußt den Ball schnell und hart werfen, wie aus der Pistole geschossen.") Oft möchten sie andere dazu bringen, Dinge genauso zu machen wie sie selbst.

Manchmal müssen KAV-Kinder etwas laut aussprechen, um es für sich zu klären. Sie beginnen ein Gespräch eventuell damit, die verschiedenen Möglichkeiten zu erörtern, die ihnen bei einer Sache offenstehen. So finden sie die für sie beste Lösung des Problems.

Visuelle Charakteristika

Kinder mit dem KAV-Muster sind blickscheu: Sie können nur schwer Augenkontakt aufrechterhalten. Oft wenden wie die Augen ab und blicken nur hin und wieder die Person an, mit der sie sprechen. Sie können auch zuhören, wenn sie ihren Gesprächspartner nur kurz oder gar nicht ansehen und sich möglicherweise sogar gleichzeitig mit etwas anderem beschäftigen. Viele KAV-Kinder sind schüchtern oder verkrampft, wenn sie den Blick von anderen auf sich ruhen fühlen, insbesondere wenn Fremde sie in der Öffentlichkeit anstarren. Es kann auch vorkommen, daß sie sehr gehemmt reagieren, wenn sie fotografiert werden sollen.

KAV-Kinder lassen sich von visuellen Wahrnehmungen stark beeinflussen. Böse Blicke, die ein Urteil oder Kritik anzeigen, empfinden sie oft schmerzlicher als körperliche oder verbale Bestrafung. Lächeln und liebevolle, anerkennende Blicke hinterlassen einen bleibenden Eindruck, ebenso wie schriftliche Notizen, Karten oder Bilder. Ältere Kinder sind häufig sehr wählerisch in bezug auf Bilder, speziell bei Filmen, Fernsehsendungen, Videos und bei der Einrichtung ihres Zimmers.

KAV-Kinder lesen oft nur widerwillig; sie können sich nur schlecht auf eng beschriebene Seiten konzentrieren. Vokabular nur durch Lesen zu behalten bereitet ihnen Schwierigkeiten, und sie verlieren dabei unter Umständen den Faden. Deshalb lesen sie nicht allzu häufig, aber wenn, dann wählen sie kurze, reich bebilderte, spannende Texte in großer Schrift oder Zeitschriften. Dann können sie sich ins Lesen vertiefen und werden sich später ohne weiteres an die Handlung oder an die Gefühle der einzelnen Charaktere erinnern.

Schreiben liegt KAV-Kindern oft nicht. Es fällt ihnen schwer, Buchstaben zu formen. Ihr Schreibstil wirkt oft unreif und unordentlich. Diese Kinder stapeln ihre Utensilien gerne in Stößen auf, die Dinge müssen für sie sichtbar bleiben, anstatt in einer Schublade oder in einem Schrank zu verschwinden. Gewöhnlich wissen sie sofort, in welchem Stoß sich das Gesuchte befindet.

Kinder mit dem KAV-Muster sind angesichts visuell anspruchsvoller Bücher, Zettel oder Raumdekorationen leicht überwältigt; deshalb versinken sie in der Schule häufig in Tagträumen. Viele Lehrer provozieren dieses Verhalten unbewußt, indem sie darauf bestehen, daß die Kinder stillzusitzen haben, während sie zuhören oder etwas betrachten sollen. Oft bemühen sich die überaktiven KAV-Kinder, in einer sie visuell beanspruchenden Umgebung dennoch aufmerksam zu bleiben. Alles, was sie visuell erfassen sollen, muß einfach und klar sein. Vor allen Dingen brauchen sie Bewegung.

KAV-Kinder behalten gerne die Übersicht. Sie können mit einem Blick ein Gesamtbild erfassen. Infolgedessen sind sie auch Experten, wenn es darum geht, etwas zu ‚finden', und sei es die sprichwörtliche Nadel im Heuhaufen.

Anne berichtet: „Eines Tages ging ich die Straße zum Strand hinunter, als mein junger Freund Andrew zu mir sagte: ‚So etwas Schönes habe ich noch nie gesehen!' Ich brauchte einige Minuten, bis ich die wunderbare, gut im Schilf versteckt sitzende Libelle sah, die er am Rand des Teichs erspäht hatte. Mit seinen ‚KAV-Augen' hatte er einen Schatz gefunden, inmitten von Hunderten von Dingen, die es im näheren und weiteren Umkreis zu sehen gab, ein wunderschönes Geschöpf entdeckt, das dort ruhig verharrte."

KAV-Porträt

„Scott aus der fünften Klasse war ein sehr kräftig gebauter Raufbold und ein Naturtalent im Fußball. Er schien immer darauf vorbereitet, anderen in Verteidigungsposition mit geballten Fäusten zu begegnen." So schildert Anne einen ihrer früheren Schüler. „Die anderen Kinder gingen ihm meist aus dem Weg, nur nicht im Sport: Dort wählten sie ihn immer als erstes für ihr Team aus. Scotts Körper teilte viel von seiner Persönlichkeit mit, er war immer einsatzbereit und entspannte sich nur, wenn man ihn berührte oder ihn an den Haaren zupfte. Ich konnte im Unterricht beobachten, wie er sich auflud – wie ein emotionales Pulverfaß mit einer kurzen Zündschnur.

Man hatte immer das Gefühl, daß er zuviel Energie besaß, um den Tisch mit drei anderen zu teilen. Wenn er etwas lesen oder schreiben sollte, zappelte und fuhrwerkte er herum und war schnell frustriert; dann spannte er seine Kiefermuskeln an, ballte die Fäuste und murmelte vor sich hin.

Als es eines Tages wieder soweit war, zeigte ich zur Tür, die auf den Schulhof führte, und schlug ihm vor, eine oder zwei Runden zu drehen, um sich zu beruhigen. Er kam zurück und ließ sich auf seinem Stuhl nieder, als ob er dahin gehöre. Er machte sich sofort an die Arbeit, sehr viel zufriedener als vorher. Mehrere Tage hintereinander zeigte ich auf die Tür, sobald ich spürte, daß seine Konzentration nachließ und seine Erregung anstieg, und er schoß mit großer Erleichterung von seinem Stuhl hoch. Und dann spürte ich eines Tages, als ich neben einem anderen Schüler kniete, wie Scott neben mir stand. Ich sah, daß *seine* Hand zur Tür zeigte und wußte, was er mir damit sagen wollte: Er hatte verstanden, wie er sich selbst helfen konnte. Es war ein großartiger Augenblick. Scott hatte gelernt, auf seine Körpersignale zu hören und seinen Bedürfnissen zu vertrauen."

Kommunikation mit KAV-Kindern

Unterstützung ihres kinästhetischen Kanals

Sie können eine gute Beziehung zu ihren KAV-Kindern aufbauen, wenn Sie gemeinsame Aktivitäten planen, ihnen Ihre Zuneigung durch Berührungen zeigen und sie Ihre Wertschätzung spüren lassen. Bauen Sie ein Baumhaus mit ihnen, legen Sie einen Garten an, machen Sie den Frühjahrsputz gemeinsam oder kochen Sie zusammen für eine größere Gesellschaft. Fragen Sie Ihre Kinder, welche Pflichten im Haushalt sie regelmäßig zu übernehmen bereit sind, damit sie die Erfahrung machen können, daß ihr Beitrag wirklich zählt. Unternehmen Sie Dinge, die Spaß machen, spielen Sie gemeinsam und treiben Sie mit ihnen Sport.

Finden Sie heraus, was Ihre Kinder gerne lernen wollen. Lassen Sie sich von ihnen etwas beibringen. Sprechen Sie miteinander darüber, auf welche Art Sie und Ihre Kinder jeweils Dinge anpacken. Zeigen Sie ihnen, daß Sie ihre körperliche Geschicklichkeit anerkennen und helfen Sie ihnen, sich weiter zu verbessern.

Bestehen Sie nicht darauf, daß KAV-Kinder stillsitzen. Denken Sie daran, daß Bewegung ihre Aufmerksamkeit stärkt. Sorgen Sie dafür, daß sie Neues auch über Berührung, Geschmack und Geruch erfahren können.

Verstehen Sie das starke und gesunde Bedürfnis von KAV-Kindern nach ernstgemeinter Berührung. Sie freuen sich und erwidern es, wenn man sie umarmt, mit ihnen schmust oder ihnen über den Rücken streicht. Ein Kuscheltier oder ein Haustier erfüllt ihr Bedürfnis nach Körperkontakt, wenn Sie nicht da sind. Helfen Sie Ihren Kindern, sich bewußt zu werden, wann sie Körperkontakt brauchen. Ermutigen Sie sie, dies auch zu äußern. Dann werden sie auch nicht versuchen, körperliche Aufmerksamkeit auf negative Weise zu erzielen.

Bekommt ihr Kind Wutanfälle oder schlägt wild um sich, sollten Sie sich Zeit für ein Gespräch nehmen, wenn es sich beruhigt hat. Sprechen Sie mit ihm über seine Gefühle, darüber, was passiert ist, und welche Botschaften und Bedürfnisse sich hinter dem Wutanfall verbergen. Betrachten Sie diesen als Versuch, Ihnen etwas zu sagen, das Ihr Kind nicht in Worte fassen konnte. Machen Sie nicht den Fehler, lediglich passiv zu reagieren oder den Anfall zu ignorieren. Versuchen Sie schon im voraus, Frustrationen durch das Angebot körperlicher Betätigung abzubauen.

Respektieren Sie das Bedürfnis Ihrer KAV-Kinder nach körperlichem Wohlbehagen. Sie sind leicht irritiert, wenn beispielsweise Kleidung nicht gut sitzt oder sich nicht gut anfühlt. Haben Sie Verständnis dafür, daß KAV-Kinder sich bewegen müssen, damit sie sich wohl fühlen. Sie sind vielleicht sehr eigen, wenn es um ihr Bettzeug, um die Einrichtung oder ihre Sportausrüstung geht – wie die Prinzessin auf der Erbse.

Unterstützung ihres auditiven Kanals

Fordern Sie KAV-Kinder auf, über ihre Gefühle und ihre persönlichen Erfahrungen zu berichten. Fragen Sie nicht „Was denkst du?“, sondern „Was empfindest du?“ oder „Was hast du gemacht?“

Gespräche wirken auf KAV-Kinder am nachhaltigsten, wenn eine kinästhetische Komponente dazukommt. Sprechen Sie, während Sie etwas tun: beim Spazierengehen, beim Basketballspiel, beim Kochen. KAV-Kinder sind aufmerksamer als sonst, wenn sie etwas in den Händen halten und damit spielen können. Manchmal möchten sie bei einer Unterhaltung körperliche Nähe spüren. Dann können Sie sich neben sie setzen oder stellen, so daß sie ohne längeren Augenkontakt sprechen können.

Verwenden Sie im Gespräch mit KAV-Kindern viele Wörter, die Handlungen oder Gefühle bezeichnen. Wenn Sie etwas erklären, gehen Sie darauf ein, wie es funktioniert oder wie es sich anfühlen könnte. Wenn die Kinder verwirrt sind, sollten Sie ihnen Zeit lassen, damit sie die Dinge aussprechen und sortieren können. Es ist wichtig für sie, das Gehörte durchzusprechen und zu beurteilen. Nur so können sie sich eine Meinung bilden.

Musik übt eine starke Wirkung auf das emotionale und körperliche Wohlbefinden der Kinder aus. Beruhigende Lieder oder Instrumentalmusik können ihnen wirkungsvoll dabei helfen, sich zu entspannen und einzuschlafen. Eventuell machen sie selbst gerne Musik. Sie können sich darin kreativ ausdrücken und ihre körperliche Energie loswerden.

Unterstützung ihres visuellen Kanals

KAV-Kinder erfassen eine Situation spontan als ganze. Wenn sie ein Problem zu lösen haben, argumentieren sie weitsichtig. Gleichzeitig haben sie aber Schwierigkeiten, visuelle Details zu erkennen. Zwar erkennen sie, was eine Person fühlt, die sie anschauen, können aber später nicht sagen, welche Augenfarbe sie hatte oder welche Kleidung sie trug.

Fragen Sie KAV-Kinder nach ihren Träumen und ihren Vorstellungen. Sprechen Sie mit ihnen darüber, wie sie einen Plan oder eine Vorstellung realisieren können.

Respektieren Sie die Sensibilität ihres visuellen Kanals. Geben Sie ihnen nicht vor, was sie sich ansehen sollen oder was sie gerade gesehen oder nicht gesehen haben. Machen Sie ihnen Mut, ihren eigenen Augen zu trauen und sich bewußt zu werden, wie sie von visuellen Eindrücken beeinflußt werden. Gestehen Sie ihnen zu, ihre Augen zu verstecken oder sich von visuellen Eindrücken abzuwenden, die für sie schmerzvoll oder unbehaglich sein könnten. Sowohl angenehme als auch unangenehme Bilder hinterlassen bei KAV-Kindern einen nachhaltigen Eindruck.

Halten Sie die Kinder dazu an, sorgfältig auszuwählen, was sie sich ansehen wollen. Wenn sie in eine Fernsehsendung, einen Film, eine Fotografie oder ein Kunstwerk vertieft sind, verlieren sie sich vollkommen darin. Mit ihnen über das zu reden, was sie sehen oder lesen, kann ihnen bei der Auswahl ihrer Lektüre helfen.

Unterstützung im Alltag

Manchen Kindern mit KAV-Muster fällt die Schule sehr schwer. Ihre ungeheure körperliche Energie wird manchmal als Hyperaktivität bezeichnet. Wenn sie im Unterricht wegen der vielen visuellen Eindrücke aus ihrer Umgebung abschalten, bescheinigt man ihnen ein Aufmerksamkeitsdefizit. Wenn sie mit dem ständigen Streß, der durch die lang andauernde Konzentration auf winzige Druckschrift verursacht wird, nicht zurechtkommen, spricht man von Dyslexie.

Diese Etiketten spiegeln die wohlmeinenden Versuche von Lehrern herauszufinden, warum manche dieser Kinder nicht auf den traditionellen Unterricht ansprechen. Vielleicht führt die Kenntnis des KAV-Lernmusters zu mehr Verständnis bei Eltern und Lehrern und vor allem dazu, daß beide während der Ausbildung besser auf die Bedürfnisse dieser Kinder eingehen. Eltern können ihre KAV-Kindern wirksam unterstützen, indem sie ihnen das bieten, was an den meisten Schulen fehlt: Gelegenheiten, beim Lernen ihren Körper und beim kreativen Schaffen ihre Augen einzusetzen.

KAV-Kinder merken sich am leichtesten die Dinge, an denen sie gearbeitet oder die sie erlebt haben. Machen Sie ihnen zusätzliche Angebote, den Lernstoff nicht nur durch Lesen und Schreiben, sondern auch praktisch zu erfahren. Lassen Sie sie als Ergänzung des Physikunterrichts beispielsweise Testlampen mit einer Batterie verbinden, damit die Theorie mit Leben erfüllt wird. Machen Sie gemeinsame Exkursionen. Wenn im Unterricht alte Segelschiffe behandelt werden, bietet es sich an, ein Schiff zu besichtigen. Dieses Erlebnis wird bei Ihrem Kind einen ganz persönlichen Eindruck hinterlassen. Der Lernstoff wird sich ihm besser einprägen. Werden die Geschichten im Lesebuch oder die mathematischen Textaufgaben nachgespielt, können KAV-Kinder sie besser verstehen und bewältigen.

Fordern Sie Ihr Kind dazu auf, draußen zu spielen oder Sport zu treiben, bevor es Hausaufgaben macht. Dies ist ein Ausgleich für das lange Sitzen in der Schule und erleichtert es ihm später, sich zu konzentrieren.

Versuchen Sie, bei den schriftlichen oder mündlichen Hausaufgaben eine für Ihr KAV-Kind entspannende Atmosphäre zu schaffen. Wenn diese Kinder nicht schaukeln, zappeln oder sich bewegen können, schalten sie leicht ab. Sie können sie daran hindern, wenn Sie ihnen erlauben, sich zum Lesen beispielsweise in einen Schaukelstuhl zu setzen oder auf einem Heimtrainer in die Pedale zu treten. Vielleicht hilft es ihnen auch, mit dem Finger die Zeilen zu verfolgen; manchmal trägt auch lautes Lesen zur besseren Konzentration bei.

Bitten Sie Ihre KAV-Kinder, Ihnen die Handlung der Geschichte zu erzählen, die sie gerade gelesen haben. Stellen Sie ihnen Fragen, um zu erfahren, inwieweit sie sich mit den Helden der Geschichte identifizieren. Dadurch erweitert sich ihr Verständnis der Lektüre. Eine Zeitlang lesen KAV-Kinder möglicherweise am liebsten Bücher in Großdruck oder Zeitschriften.

Die beim Schreiben erforderliche Koordination von Augen und Hand kann einigen jüngeren KAV-Kindern Schwierigkeiten bereiten. Stellen Sie eine Staffelei auf oder befestigen Sie eine Tafel oder große Papierbogen an der Wand, damit Ihr Kind mit dem ganzen Körper arbeiten und Buchstaben großzügig schreiben kann. Akzeptieren Sie es, daß seine Handschrift vielleicht nie ordentlich sein bzw. bestimmten Standards genügen wird.

KAV-Kinder sollten zunächst über Dinge schreiben, die sie selbst erfahren haben. Ermutigen Sie sie dazu, Geschichten über ihre Erlebnisse oder Briefe an Freunde zu schreiben, in denen sie schildern, was sie gerade getan haben. Vielleicht kann Ihr Kind Ihnen auch zunächst diktieren, was es schreiben möchte, und so das Vergnügen genießen, zu formulieren, ohne sich mit der Rechtschreibung beschäftigen zu müssen.

Helfen Sie Ihren KAV-Kindern, ihre Träume und ihre inneren Bilder zum Ausdruck zu bringen, die kreativen Möglichkeiten ihres visuellen Kanals zu erforschen – als Ausgleich für die anstrengende visuelle Konzentration, die in der Schule gefordert wird. Regen Sie die Kinder dazu an, sich zu Hause mit verschiedenen künstlerischen Materialien zu befassen, zum Beispiel mit Farben, Ton, Malkreiden, handwerklichen Materialien oder Holz.

Nachdem sie sich den größten Teil des Schultages vor allem auf visuelle Details konzentriert haben, brauchen KAV-Kinder wahrscheinlich Gelegenheit, um abzuschalten und ‚die Welt' insgesamt in sich aufzunehmen. Helfen Sie ihnen, Vorstellungen zu entwickeln, die sie auf angenehme Weise beruhigen. Gehen Sie beispielsweise gemeinsam spazieren und betrachten Sie die Wolken.

KAV-Kinder sind sich ihrer Umgebung voll bewußt. Schaffen Sie mit ihnen gemeinsam einen Arbeitsplatz, an dem sie sich bewegen können und an dem sie sich wohl fühlen, wenn sie sitzen müssen. Überlegen Sie zusammen, welche Möbel geeignet sind, wie die Beleuchtung beschaffen sein muß, bei welcher Temperatur es sich am angenehmsten arbeiten läßt.

Fazit

KAV-Kinder, die sich erst in Bewegung wohl fühlen, brauchen nicht nur Spaß bei der Arbeit und die Möglichkeit, ihre überschüssige Energie loszuwerden, sondern auch liebevolle Berührungen und Aufmerksamkeit, wenn sie Ihnen von ihren Gefühlen, Hoffnungen und Träumen erzählen.

8

Beweglich und voller Wißbegierde: KVA Kinästhetisch-visuell-auditiv

Als wir ostasiatische und US-amerikanische Grundschulen verglichen, war die Zahl der Schüler mit Leseschwierigkeiten fast gleich groß. Bemerkenswerte Unterschiede ergaben sich jedoch bei der Einstellung der Eltern – die amerikanischen Eltern konzentrierten sich auf die vorhandene Behinderung, die Asiaten hingegen auf die Bemühungen der Schüler.

Harold Stevenson und James Stigler

- Lernt am leichtesten durch Erfahren/Sehen/Hören
- Drückt sich am leichtesten aus durch Tun/Zeigen/Sagen

Überblick

Kinder mit KVA-Muster sind die zurückhaltenden, stillen Naturliebhaber, die eine starke körperliche Präsenz vermitteln und von einer tiefen Ruhe umgeben scheinen. Sie sind sanft und aufgeschlossen und vermitteln den Eindruck körperlicher Anmut. Sie scheinen erst lebendig zu werden, wenn sie sich bewegen. Von Natur aus motorisch begabt, lernen diese Kinder körperliche Tätigkeiten ohne mündliche Unterweisung sehr leicht.

KVA-Kinder sprechen gewöhnlich sehr leise und verfügen über großes Einfühlungsvermögen und eine gute Beobachtungsgabe. Sie sprechen langsam und exakt. Sich über Gefühle zu äußern, kann für sie besonders schwierig sein. Sie sind leicht überfordert, wenn sie zu lange zuhören müssen. KVA-Kinder sind ziemlich zurückhaltend und arbeiten oder spielen lieber alleine oder mit einem speziellen Freund als in der Gruppe. Sie bauen leichter eine Beziehung zu Tieren auf als zu Menschen.

KVA-Kinder interessieren sich oft für sehr gegensätzliche Dinge: zum Beispiel für Fußball und für Kunst, für Näharbeiten und Chemie. Sie scheinen intuitiv zu erfassen, wie sich alles ergänzt.

Körperliche Charakteristika

Bewegung ist für KVA-Kinder sehr wichtig. Sie sind voller Energie und können sehr unruhig werden, wenn sie stillsitzen sollen; einige scheinen unaufhörlich in Bewegung zu sein. Andererseits können sie sich sehr gut konzentrieren, wenn sie die Möglichkeit haben, zwischendurch aufzustehen und sich zu strecken oder die Hände zu bewegen.

KVA-Kinder möchten soviel wie möglich agieren; sie treiben gerne Sport und lernen neue körperliche Fertigkeiten ohne Schwierigkeiten. Körperliche Aktivitäten aller Art steigern ihre Aufmerksamkeit. Was sie tun, machen sie sehr ordentlich und gründlich. Sie arbeiten oft fleißig, wenn sie davon überzeugt sind, daß ihnen eine Arbeit gelingen wird. Im allgemeinen können Sie Augen und Hände sehr gut koordinieren; sie arbeiten gerne mit den Händen, und es fällt ihnen leicht, Dinge auf oftmals sehr kreative Weise zusammenzusetzen.

KVA-Kinder sind sich meist der einzelnen Empfindungen ihres Körpers sehr bewußt. Da Bequemlichkeit für sie sehr wichtig ist, geben sie sich oft große Mühe, den richtigen Stuhl oder die richtige Sitzposition zu finden. Ihre Kleidung wählen sie danach aus, ob sie bequem ist und ihnen Bewegungsfreiheit ermöglicht; bis zu einem gewissen Grad ist Ihnen auch wichtig, ob sie ihnen steht.

KVA-Kinder haben sehr tiefe Empfindungen, aber viele können ihre Gefühle kaum in Worte fassen. Wenn sie das Gefühl haben, daß jemand, der ihnen viel bedeutet, sie nicht mag, können sie mürrisch und störrisch werden. Wenn sie wütend sind, ziehen sie sich eher zurück, als wild um sich zu schlagen. Berührung ist für sie ganz natürlich, und sie haben das Bedürfnis, andere zu berühren und berührt zu werden.

KVA-Kinder sind gerne allein oder nur mit ein oder zwei anderen Personen zusammen. Große Gesellschaft meiden sie. In einer Gruppe suchen sie sich oft ein ruhiges Plätzchen, an dem sie sich zurücklehnen, zuschauen und zuhören können.

Visuelle Charakteristika

KVA-Kinder blicken einem unverwandt in die Augen, aber ihre Augen zucken oder die Lider flattern, wenn sie den Augenkontakt zu lange aufrechterhalten. Ihre Augen werden glasig, wenn der Redeschwall, der über sie hereinbricht, zu groß ist, und sie müssen gewöhnlich zur Seite sehen, wenn sie formulieren.

Kinder mit dem KVA-Muster denken ‚dreidimensional', betrachten Dinge aus ganz verschiedenen Blickwinkeln. Im Geist können sie Buchstaben, Wörter, Bilder, Entwürfe und Abbildungen umdrehen. Sie akzeptieren die Berechtigung vieler Argumente zu einem Thema und sie sehen sowohl das Ganze als auch die Details einer Sache.

Viele KVA-Kinder haben Schwierigkeiten, phonetisch lesen zu lernen; das Aussprechen der Wörter hilft ihnen oft nur wenig. Auch wenn sie ein Wort schon einmal entziffert haben, erinnern sie sich später vielleicht nicht mehr daran. KVA-Kinder verlieren leicht den Faden einer Geschichte, wenn sie innehalten, um ein fremdes Wort zu entziffern. Unter Umständen gebrauchen sie auch den Finger, um die Zeile nicht zu verlieren.

Sprachliche Charakteristika

KVA-Kinder müssen sich sicher fühlen und wissen, daß man ihnen zuhört, wenn sie sich äußern. Oft sind sie in Gruppen sehr ruhig und zurückhaltend. Sie sprechen ungern spontan und erstarren regelrecht, wenn sie dazu gedrängt werden, etwas zu sagen.

Auch wenn sie sich wohl fühlen, fällt ihnen das Sprechen oft nicht leicht. Häufig machen sie während des Redens Pausen und brauchen lange, bis sie eine Frage beantworten, bis ihnen ein Name oder eine Wort einfällt. Ihre Antworten sind kurz und präzise, manchmal überraschend einzigartig und weitsichtig, unter Umständen aber auch umständlich. Manchmal kommen sie nicht auf den Punkt und stellen unentwegt Fragen, die nicht zu beantworten sind.

KVA-Kinder benutzen häufig viele kinästhetische Ausdrücke, die Handlungen oder Gefühle beschreiben, wie „greifen", „halten", „bewegen" oder Sätze wie „Das vermittelt ein gutes Gefühl" oder „Ich werde bald Kontakt aufnehmen". Sie schwatzen selten und vergessen oft Titel oder Abkürzungen. Ihr Gesicht ist meist ausdruckslos, während sie sprechen.

Manche KVA-Kinder lernen erst spät sprechen; es kann vorkommen, daß sie zunächst kein Wort sagen und ihre Eltern eines Tages mit vollständigen Sätzen überraschen. Manchmal sprechen sie bestimmte Wörter auf ganz eigene Weise aus und behalten dies auch längere Zeit bei.

Sie fühlen sich leicht überfordert, wenn viele Worte auf sie einströmen. Wenn sie stillsitzen und längere Zeit zuhören sollen, schalten sie ab: Ihr Unbewußtes ist angesprochen. Das heißt aber auch, daß sie durch das, was man ihnen sagt, stark beeinflußt werden. Unfreundliche oder kritische Sätze wiederholen sie innerlich oft jahrelang. Kritik sollte möglichst schriftlich und nicht mündlich vermittelt werden.

KVA-Porträt

Anne beschreibt Steve: „Er war ein richtig süßer, gutaussehender Junge mit wundervollem Teint. Er hatte einen gut durchtrainierten Körper, bewegte sich harmonisch und voller Energie. Er war sehr zurückhaltend, ruhig und arbeitete stetig, aber es war ihm nie viel Erfolg in der Schule vergönnt.

In der fünften Klasse bastelten wir zu Anfang des Schuljahres Selbstporträts in Form von Collagen, um uns gegenseitig vorzustellen. Steve hatte in die Mitte seiner Collage ein Foto geklebt, das ihn mit einem Fußball zeigte. Um das Foto herum hatte er ganz exakt in Druckschrift alle Sportarten geschrieben, die ihm Spaß machten, vom Skateboardfahren bis zum Querfeldein-Radfahren, Schwimmen und Eishockey. Zu jeder Sportart hatte er kleine Karikaturen hinzugefügt.

In jenem Schuljahr war täglich die letzte halbe Stunde für unseren ‚magischen Kreis' reserviert. Dabei hatten die Kinder die Möglichkeit, den anderen mitzuteilen, was immer ihnen am Herzen lag. Niemand durfte denjenigen unterbrechen, der gerade sprach, aber jeder hatte das Recht zu schweigen. In den ersten Monaten zappelte Steve viel herum, sagte aber nie etwas; er gab das Wort immer weiter und hörte seinen Klassenkameraden zu, die teilweise sehr gerne die Gelegenheit ergriffen, über ihre Gefühle zu sprechen. Er schien etwas verlegen zu sein, schaffte es aber nicht, in jener halben Stunde seinen Mut zusammenzunehmen oder die richtigen Worte zu finden.

Aber eines Tages funkte es bei Steve. Es ging um Sport, und Steve hatte gerade seiner Mannschaft mit zum Sieg verholfen. Zu Überraschung aller (und zu meinem Entzücken) sprach er über ein Fußballspiel, bei dem er den entscheidenden Treffer erzielt hatte und sagte: ‚Ich war sehr stolz.'

Am nächsten Tag brachte er ein Bild von einem lustigen kleinen Hund mit, das er auf Pappe gezeichnet hatte. Es war sehr gut gemacht – er hatte Löcher ausgeschnitten und Schnüre an der Rückseite angebracht, so daß sich die Augen bewegen ließen. Unter den Namen ‚Charlie' hatte er das Wort ‚stolz' geschrieben. Alle paar Tage gab es jetzt einen neuen Charlie, der jedesmal eine andere Körperhaltung einnahm und dessen Augen immer wieder andere Gefühle ausdrückten. Die verschiedenen Charlies hatte Steve jeden Tag im ‚magischen Kreis' dabei. Manchmal half ihm ein Blick auf Charlie, die richtigen Worte zu finden, um seine Gefühle zu beschreiben. Manchmal hielt er das Bild nur hoch und ließ Charlie auf diese Weise für sich sprechen. Danach setzte Steve nur noch selten aus. Er hatte eine lustige und kreative Methode gefunden, seine Gefühle und Erfahrungen auszudrücken, wobei seine etwas langsame Redeweise kein Hindernis darstellte."

Kommunikation mit KVA-Kindern

Unterstützung ihres kinästhetischen Kanals

KVA-Kinder möchten, daß man sich ihren Aktivitäten anschließt, sie berührt und sie schätzt für das, was sie können. Am besten läßt sich eine Beziehung zu ihnen aufbauen, indem man gemeinsam etwas tut. Spielen Sie mit ihnen und lassen Sie die Kinder die

Führung übernehmen. Treiben Sie gemeinsam Sport. Gehen Sie so oft wie möglich mit Ihren Kindern in die Natur hinaus. Planen Sie gemeinsame Projekte: einen Go-Kart bauen, Kuchen backen, Bäume pflanzen. Beteiligen Sie die Kinder an häuslichen Pflichten, so daß sie erfahren können, daß ihre Arbeit wichtig ist: den Hund waschen, Laub harken, den Teppich saugen, Wände anstreichen. Fragen Sie Ihre Kinder, was sie gerne können würden. Lassen Sie sich von ihnen etwas erklären, was Sie selbst noch nicht wissen. Besprechen Sie mit ihnen verschiedene Möglichkeiten, etwas zu tun.

Lassen Sie zu, daß Ihre Kinder sich bewegen oder etwas mit den Händen tun, auch wenn Sie selbst ruhig dasitzen möchten. Sorgen Sie für Gelegenheiten, etwas Neues zuerst durch Berührung, Geschmack oder Geruch zu erfassen.

Verstehen Sie das starke, gesunde Bedürfnis von KVA-Kindern nach wirklicher Berührung: einer Umarmung, einem Kuscheln oder einem Schulterklopfen. Es ist typisch für sie, daß sie sich gerne um Tiere kümmern. Ein Haustier bietet ihnen Gelegenheit, ihr Bedürfnis nach Berührung und nonverbaler Kommunikation zu befriedigen.

Zieht sich Ihr Kind gerne zurück, wenn seine Gefühle verletzt wurden, sollten Sie ihm die Gelegenheit dazu bieten. Haken Sie nicht mit Worten nach. Eine sanfte Berührung, wenn Ihr Kind dazu bereit ist, trägt wahrscheinlich am ehesten zur Versöhnung bei.

Unterstützung ihres visuellen Kanals

Bei Gesprächen mit KVA-Kindern ist es vorteilhaft, den visuellen Kanal zu nutzen, damit sie sich vom Reden und Zuhören erholen können: Kurze Mitteilungen schreiben Sie ihnen am besten auf.

Nutzen Sie ihre Fähigkeit aus, mit Bildern zu experimentieren. Es kann sein, daß sie gut „Scrabble“ oder „MasterMind“ spielen. Ermutigen Sie die Kinder, wenn Sie merken, daß sich künstlerische Interessen wie Fotografieren, Zeichnen, Töpfern, Weben oder Holzschnitzen andeuten. Auf diese Weise können sie nonverbal ausdrücken, was sie fühlen.

Nutzen Sie Gelegenheiten, etwas gemeinsam anzusehen: selbstgemalte Bilder, eine Sendung im Fernsehen, sportliche Veranstaltungen, Spielfilme oder Kartenspiele.

Unterstützung ihres auditiven Kanals

Sie sollten geduldig sein, wenn KVA-Kinder sich schweigsam verhalten und Ruhe brauchen. Lassen Sie sie mit Fragen zu Ihnen kommen. Wenn Sie sie zum Reden drängen, ziehen sie sich nur um so mehr in sich zurück.

Vermeiden Sie es, mit Ihren KVA-Kindern über Belangloses zu sprechen. Lassen Sie sich über ihre Erfahrungen berichten – es ist ihnen angenehmer, über das zu sprechen, was sie gemacht haben, als über ihre Gefühle. Wenn Sie ihnen eine Frage stellen, sollten Sie ihnen Zeit zum Nachdenken lassen. Erzählen die Ihren Kindern nicht, was diese Ihrer Ansicht nach denken, und beenden Sie die Sätze Ihrer Kinder nicht an deren Stelle. Hören Sie ihnen bis zum Ende zu, auch wenn Sie bereits zu wissen glauben, was sie zu sagen haben. Vielleicht werden sie Sie überraschen.

KVA-Kinder gehen durchs Leben, indem sie unaufhörlich Fragen stellen, sich für Neues interessieren und das, was ihnen machbar erscheint, ausprobieren. Wenn Sie auch noch so sehr in Versuchung geraten, Sie sollten diese Fragen nicht beantworten. Lenken Sie die Aufmerksamkeit Ihres Kindes auf es selbst zurück. Manchmal ist es am besten, einfach zu schweigen oder ehrlich zu sagen: „Ich weiß es nicht".

Ermuntern Sie KVA-Kinder, sich während eines Gesprächs zu bewegen, zu malen oder mit etwas zu spielen, und lassen Sie es zu, daß sie ihren Blick wenden, wohin sie wollen. Halten Sie Bilder bereit, verhelfen Sie ihnen zu einer mentalen Vorstellung oder geben Sie konkrete Beispiele, wenn Sie ein neues oder abstraktes Thema erklären.

Seien Sie ehrlich und genau, wenn Sie mit KVA-Kindern sprechen. Übertreiben Sie nicht, und wenn Sie es doch einmal tun, sollten Sie es zugeben. Denken Sie daran, daß Ihre Kinder sehr sensibel auf das, was Sie sagen, reagieren, so auch auf negative Untertöne und Ausdrücke.

Durch gemeinsames Hören ihrer Lieblingsmusik können Sie zu KVA-Kindern eine enge, tragfähige Beziehung herstellen.

Unterstützung im Alltag

Es ist typisch für KVA-Kinder, daß ihnen die Schulstunden am besten gefallen, in denen sie ihre körperliche Energie und Beweglichkeit einsetzen können – Sport, Kunst, Werken und Laborversuche. Die traditionellen visuellen und auditiven Lehrmethoden sind nicht auf ihre Bedürfnisse zugeschnitten; der Unterricht führt dazu, daß sie entweder einschlafen und sich zurückziehen oder vor lauter angestauter Energie fast platzen. KVA-Kinder möchten überall dabeisein; sie möchten etwas tun, sie möchten wissen, wie es geht, sie möchten geschickt sein. Außerdem brauchen sie Ruhe, um Informationen wirklich aufzunehmen. Dabei hilft ihnen die Schule nicht. Ihre natürlichen Fähigkeiten werden meist mißverstanden und bleiben weitgehend ungenutzt.

Als Eltern können Sie Ihre KVA-Kinder am besten unterstützen, wenn Sie ihnen sowohl die Möglichkeit zu körperlicher Aktivität als auch Ruhezonen bieten. Wenn Sie nach der Schule zum Beispiel Sport treiben, können sie sich nachher, bei den Hausaufgaben, besser konzentrieren.

Wenn KVA-Kinder von der Schule nach Hause kommen, sollten Sie Verständnis dafür haben, daß sie ihre Ruhe haben wollen nach dem vielen Reden in der Schule. Sorgen Sie dafür, daß sie in die Natur hinausgehen oder sich in ihr Zimmer zurückziehen, wo sie entweder die Stille oder ihre Musik genießen können.

Wenn immer möglich, sollten Sie KVA-Kindern die Gelegenheit bieten, ihr Lernpensum durch Erfahrung zu vertiefen. Erkundungstouren und praktische Tätigkeiten sind oft ihre besten Lehrer. Werden im Unterricht gerade Flugzeuge behandelt, können Sie mit ihnen in ein Flugzeugmuseum gehen, wo sie vielleicht in eine Cockpit steigen und vor einer Schalttafel sitzen oder ein Video sehen können, das ihnen das Gefühl des Fliegens vermittelt.

Wenn Sie Ihrem Kind beim Lernen helfen, sollten Sie dies möglichst nach dem Muster „Erfahren-sehen-hören" und „Tun-zeigen-sagen" tun. Ein neues Wort können Sie ihm beispielsweise mit dem Finger auf den Rücken ‚malen', so daß Ihr Kind es fühlt und vor seinem inneren Auge sieht, bevor Sie das Wort aussprechen. Lassen Sie Ihr Kind dann das Wort schreiben und sagen.

Kinder mit dem KVA-Muster sollten lesen und schreiben nach einer ganzheitlichen Methode lernen. Üben Sie diese Methode zu Hause in möglichst vielen Einzelschritten, wenn in der Schule anders unterrichtet wird: Lassen Sie Ihre Kinder über Erlebnisse berichten, die sie in Erinnerung behalten möchten, und schreiben Sie das, was sie erzählen, auf. KVA-Kinder lernen sehr viel motivierter, wenn sie mit ihren eigenen Worten arbeiten können.

Erlauben Sie Ihren Kindern, sich beim Lesen zu bewegen. Ermuntern Sie sie, sich vorzustellen, daß sie in die Geschichte verwickelt sind oder lassen Sie sich eine Geschichte vorspielen. Wenn sie eine Geschichte malen oder Stichworte aufschreiben, hilft ihnen das vielleicht, sich besser an das Gelesene zu erinnern. Müssen die Kinder etwas vortragen, können Sie ihnen vorschlagen, Notizen zu benutzen und sich dabei zu bewegen. Die Wiederholung des Lernpensums vor einer Klassenarbeit wird ihnen mit entsprechenden Spielen oder Bildkarten erleichtert. Wenn Sie zu Hause eine Wandtafel oder eine Staffelei aufstellen, können Aufgaben an der Tafel gelöst werden. So bleibt der Körper bei der Arbeit in Bewegung.

Die meisten KVA-Kinder sind sich bewußt, daß sie abschalten, wenn andere sprechen. Probieren Sie mit ihnen aus, welche Bewegungen ihnen helfen, aufmerksam zuzuhören.

Richten Sie mit ihnen gemeinsam einen Arbeitsplatz ein, an dem sie sich einerseits bewegen und andererseits bequem sitzen können. Helfen Sie mit, ihr Bedürfnis nach Wärme und frischer Luft zu erfüllen.

Fazit

KVA-Kindern muß die Gelegenheit geboten werden, ihre vielfältigen Interessen auszuloten; sie brauchen Ermutigung, damit sie kreativ zum Ausdruck bringen können, wie sie sich fühlen, und sie benötigen Ruhe, um zu sich selbst zu finden.

9

Die mit den Augen fühlen: VKA Visuell-kinästhetisch-auditiv

Wenn eine feindliche auswärtige Macht versucht hätte, Amerika das mittelmäßige Bildungssystem, das es heute hat, aufzuzwingen, hätten wir das wahrscheinlich als kriegerischen Akt betrachtet.

The National Commission
On Excellence in Education

- Lernt am leichtesten durch Sehen/Erfahren/Hören
- Drückt sich am leichtesten aus durch Zeigen/Tun/Sagen

Überblick

VKA-Kinder verfügen über ein beeindruckend starkes Einfühlungsvermögen. Sie scheinen die Welt mit ihren Augen aufzusaugen und zu fühlen, was sie sehen. In großen Gruppen verhalten sie sich manchmal recht ruhig und in sich gekehrt. Sie können jedoch auch sehr gesprächig sein und äußern sich oft recht ausführlich über persönliche Erfahrungen, denen die Zuhörer nicht so leicht folgen können. Ihre Erzählungen bewegen sich im Kreis: VKA-Kinder scheinen nie zum Punkt zu kommen. Sie müssen beim Sprechen die Hände bewegen oder umhergehen.

Manchmal fällt es ihnen sehr schwer, persönliche Entscheidungen zu treffen – sie lassen sich leicht von der Masse beeinflussen. Wenn sie etwas frustriert, fangen sie an zu jammern.

Die Koordination von Augen und Händen beherrschen VKA-Kinder hervorragend; sie lernen leicht durch Beobachtung und probieren dann selbst. Sie sind gute Mitarbeiter, Partner und Kollegen, da sie lieber in Gruppen oder im Team als alleine arbeiten.

Visuelle Charakteristika

Diese Kinder sind auf visueller Ebene peinlich genau; sie möchten, daß ihre Kleidung, ihre Besitztümer und ihre Umgebung einem idealen inneren Bild entsprechen. Sie können in einer visuell unordentlichen Umgebung nicht denken. Die meisten schreiben sehr leserlich, haben keine Probleme mit der Rechtschreibung und können sehr gut Korrekturlesen. Viele zeichnen gerne und entwerfen dabei Dinge bis ins kleinste Detail. Um Ordnung zu halten, verlassen sie sich meist auf schriftliche Gedächtnisstützen und Anweisungen sowie auf Listen.

VKA-Kinder stellen leicht Beziehungen über Augenkontakt her. Sie können ihn oft lange aushalten, aber wenn sie zu lange zuhören, wird ihr Blick glasig. Sie schauen beim Nachdenken auch oft nach oben und schließen eventuell die Augen, um aufmerksam zuzuhören.

Menschen mit dem Denkmuster VKA erinnern sich am leichtesten an Dinge, die sie gesehen oder gelesen haben. Sie behalten die Gesichter von Menschen im Gedächtnis, vergessen aber oft deren Namen. Wenn man ihnen eine Aufgabe demonstriert oder sie die Anleitung dazu lesen, führen VKA-Kinder sie sofort aus: Sie benötigen keine zusätzliche mündliche Erläuterung. Bleiben sie bei der Durchführung stecken, stellen sie Fragen und verlangen eine Erklärung. Sie sollten nur in diesem Fall etwas sagen; ansonsten wirken erklärende Worte eher störend.

VKA-Kinder müssen darauf vertrauen können, daß sie bei ihren Experimenten auch Fehler machen dürfen, ohne dafür kritisiert zu werden. Scharfe oder spöttische Worte können den gesamten Lernprozeß beenden.

Einige VKA-Kinder sind eifrige Leser, während andere ihr Leben lang Schwierigkeiten mit dem Lesen haben. Es kommt darauf an, wie sie Lesen gelernt haben. Bei VKA-Kindern sind der visuelle und der auditive Kanal – die zwei Modalitäten, die beim Lesen eingesetzt werden – durch den kinästhetischen Kanal getrennt. Wenn also bei einem Kind mit VKA-Muster nicht der Körper, die Hände, Gefühle oder Erfahrungen in den Leseprozeß einbezogen werden, bereitet ihm das Lesen oft große Schwierigkeiten. Eine phonetische Methode ist selten erfolgreich, da es VKA-Kindern schwerfällt, Wörter auszusprechen oder sie sich durch Vorsagen in Erinnerung zu rufen. Eine Methode, die die visuelle Ebene anspricht, ist sehr viel wirkungsvoller: Zeigen Sie Ihrem Kind beispielsweise Karten, auf die Sie neue Wörter geschrieben haben; es wird sich deren Aussehen und Form merken. Gewöhnlich ist es für VKA-Kinder hilfreich, beim Lesen mit dem Finger die Zeilen entlangzufahren. Vorlesen macht ihnen möglicherweise angst.

VKA-Kinder machen sich gewöhnlich viele Notizen. Es fällt ihnen leicht, fast wörtlich aufzuschreiben, was sie hören. Sie behalten am besten, was sie wiederholt aufschreiben, deshalb kann es sein, daß sie ihre Mitschrift aus dem Unterricht zu Hause noch einmal abschreiben.

Körperliche Charakteristika

Die Koordination von Augen und Händen funktioniert bei VKA-Kindern oft ausgezeichnet. Sie sind bei Videospielen sehr geschickt, nehmen gerne Dinge auseinander und interessieren sich außerordentlich dafür, wie etwas funktioniert, angefangen von komplexen Maschinen bis zum menschlichen Körper.

Körperliche Aktivitäten sind häufig wichtig, um Emotionen und überschüssige Energie loszuwerden. Oft sammelt sich bei VKA-Kindern sehr viel Energie direkt unter der Oberfläche an. Viele sind gute Sportler mit einer schnellen Auffassungsgabe für Bewegungsabläufe. Bei Körperkontakt können sie etwas gehemmt sein. Bevor man sie berührt, sollte man Augenkontakt mit ihnen aufnehmen.

Kinder mit VKA-Muster sind sich ihrer Körperempfindungen oft bewußt. So haben sie auch leicht Zugang zu ihren Gefühlen. Sie sehen, was in anderen Menschen vorgeht.

Oft fällt es VKA-Kindern schwer, mit all dem fertigzuwerden, was in ihnen vorgeht. Sie brauchen ein Ventil, um ihre Gefühle auszudrücken. Gelingt es ihnen nicht, ihre Empfindungen ‚herauszulassen', können sie recht ängstlich und ärgerlich werden. Sie sind manchmal nachtragend, wenn sie mit ihren Gefühlen nicht klarkommen. Ärger äußern sie mit bösen Blicken oder Gesten, oder sie schicken wütende Briefe.

VKA-Kinder bewegen sich oft sehr ausdrucksstark, beim Sprechen jedoch wird ihr Gesicht ausdruckslos. Sie müssen dabei ihren ganzen Körper oder zumindest ihre Hände bewegen, um die Worte aus sich herauszulassen.

Die meisten VKA-Kinder arbeiten oder spielen lieber gemeinsam mit anderen als für sich allein. Sie verhalten sich sozial, zögern möglicherweise aber, eine führende Rolle zu übernehmen. Manche von ihnen nehmen sehr starken Anteil am sozialen Leben ihrer Altersgenossen. Sie interessieren sich insbesondere für Beziehungsgeschichten.

Entscheidungen zu treffen kommt VKA-Kinder sehr hart an, denn sie fühlen sich oft in zwei Richtungen gezogen und schwanken lange. Manchmal folgen sie einfach der Mehrheit, anstatt eigene Entschlüsse zu fassen. Sie lernen am besten durch Erfahrung und durch Ausprobieren, was für sie richtig ist. Nimmt man ihnen eine Entscheidung ab, sind sie unzufrieden und beginnen vielleicht zu jammern.

Sprachliche Charakteristika

In großen Diskussionsrunden sind VKA-Schüler meist ruhig und zurückhaltend. Es fällt ihnen schwer, spontan etwas zu sagen. Manchmal machen sie lange Pausen zwischen Wörtern oder Sätzen. Wenn sie länger zuhören müssen oder gefragt werden, worüber gesprochen wurde, reagieren sie oft verwirrt, weil sie mit ihren Gedanken woanders waren.

Wenn sie mit ein oder zwei Gleichaltrigen zusammen sind, können VKA-Kinder sehr gesprächig sein. Erwachsene können ihrer Unterhaltung vielleicht nur schwer folgen, da sie Wortspiralen bilden, etwas, das wir als das „Windradspiel" bezeichnen: Sie springen oft ohne nachvollziehbaren Zusammenhang von einem Thema zum nächsten.

Kinder mit dem VKA-Muster verwenden vor allem Wörter aus dem visuellen Bereich – Sätze mit „schauen", „sehen", „zeigen", „vorstellen". Sie sagen häufig „Ich kann mir das vorstellen" oder

„Wir sehen uns bald wieder“ und stellen unendlich viele Fragen, auf die es keine Antworten gibt. Sollten Sie trotzdem antworten, kommt häufig nur ein „Ja, aber ...“

VKA-Kinder erinnern sich lange an das, was man über sie gesagt hat, ob positiv oder negativ, und sie fühlen sich durch einen scharfen Tonfall oder Kritik angegriffen.

VKA-Porträt

Anne berichtet von Tiffany: „Tiffany war springlebendig. Mit ihrem roten Lockenkopf und ihren leuchtenden blauen Augen flatterte sie buchstäblich durch jeden Raum, den sie betrat. Sie ging gerne mit mir zum Mittagessen, wo wir uns regelmäßig jeden Donnerstag um Viertel nach zwölf trafen. Eine geschlagene halbe Stunde lang wob sie für mich einen regelrechten Bildteppich aus Worten, wobei sie zwischendurch immer wieder etwas aß. Sie erzählte mir nonstop Details aus ihrem Leben: von der Spitze an ihrem neuen Kleid, dem Schmuck, den sie in einem Schaufenster gesehen hatte, von der Wüstenspringmaus ihres Bruders, dem bevorstehenden Besuch ihrer Lieblingstante oder vom Fußballtraining. Währenddessen strahlten ihre blauen Augen mich an, und sie bewegte unaufhörlich die Hände.

Tiffany redete gerne, merkte aber, daß nur wenige Menschen genug Geduld aufbrachten, ihren schwer verständlichen Wortkaskaden zu folgen. Ihre Art zu denken faszinierte mich, aber in bezug auf ihre schulische Laufbahn hatte ich Bedenken. Es fiel ihr schwer, im Unterricht aufzupassen. Wenn ich sie aufrief, konnte ich fast sicher sein, daß sie meine Frage nicht gehört hatte. Bei still auszuführenden Aufgaben konnte ich sie beobachten: Sie achtete auf das kleinste Geräusch im Raum und war immerzu abgelenkt. Ich wußte nicht, wie ich ihr helfen sollte.

Ich fragte sie, wie es ihr im Unterricht beim Lesen erginge. Sie antwortete mir, daß sie das Verlangen habe, alles im Raum anzuschauen, nur nicht die Seite in ihrem Buch. Sie konnte sich nicht genug auf die Worte konzentrieren, um die Geschichten zu verstehen; es war ihr nie ruhig genug, und jedes Wort, das sie las, schien ein Echo in ihrem Kopf hervorzurufen.

An einem Donnerstag brachte Tiffany ihr Essenstablett mit ins Klassenzimmer, wo ich für eine Aufgabe im Kunstunterricht eine

Schachtel mit Knöpfen durchwühlte. Sie stellte sich neben mich und war ganz begeistert von einem großen, samtüberzogenen Knopf. Ich fragte, ob sie ihn haben wolle, und ihre Augen strahlten, als sie antwortete: ‚Oh ja!' Ich sagte ihr, daß dies ein besonderer Knopf sei, der ihr helfen könne, sich im Unterricht besser zu konzentrieren. ‚Wenn du etwas so Schönes in der Hand hältst, kann dir das vielleicht helfen, dich beim Lesen zu konzentrieren.'

Zunächst schaute sie mich verblüfft an. Als sie mit ihrem Daumen über den weichen Stoff strich, sagte ich: ‚Gut, genau so. Laß es uns eine Woche lang versuchen und sehen, was passiert.'

Dieser einfache Gegenstand trug dazu bei, daß Tiffany beim Lesen mit den Händen die Verbindung zwischen Augen und Ohren herstellte. Als ihr Selbstvertrauen wuchs, begann sie, statt des Knopfes zunächst ihren Arm zu reiben. Später reichte es, wenn sie einfach nur Atem holte."

Kommunikation mit VKA-Kindern

Unterstützung ihres visuellen Kanals

Schriftlich können Sie mit VKA-Kindern oft besser kommunizieren als mündlich. Die Kinder begreifen auf diese Weise am schnellsten, was Sie ihnen mitteilen wollen. Ermutigen Sie sie auch, selbst Dinge aufzuschreiben. Das wird ihnen helfen, sich zu konzentrieren und sich anderen weniger umständlich mitzuteilen.

Wenn die Kinder lesen, was sie geschrieben haben, wird ihnen das helfen, die Bedeutung ihrer Gedanken, die sich für sie selbst wie Bruchstücke anfühlen, im Zusammenhang zu begreifen. Schreiben kann für VKA-Kinder eine sehr wirkungsvolle Methode sein, ihre vielen Gefühle zum Ausdruck zu bringen.

Im Gespräch mit ihnen sollten Sie in Augenkontakt mit ihnen bleiben. Notieren Sie für Ihre Kinder das, was sie sagen, als Erinnerungsstütze. Fordern Sie sie dazu auf, sich bei Telefongesprächen oder wichtigen mündlichen Vereinbarungen Notizen zu machen. Schreiben Sie auch die Fragen auf, mit denen Ihre Kinder sich immer wieder beschäftigen. Das hilft ihnen, darüber nachzudenken.

Daß sie geliebt werden, zeigt man VKA-Kindern am besten durch Briefe, Karten oder Geschenke, beispielsweise Blumen.

Unterstützung ihres kinästhetischen Kanals

Da sie sich so leicht in andere hineinversetzen können, verlieren VKA-Kinder leicht das Gefühl für sich selbst. Deshalb ist es entscheidend wichtig, daß sie lernen, ihre eigenen Körpersignale und Empfindungen von denen anderer zu unterscheiden. Sonst kann es passieren, daß sie ihre Gefühlswahrnehmung überhaupt abschalten, um sich davor zu schützen, zuviel für andere zu empfinden. Sie verlieren dann auch das Gefühl für ihren eigenen Körper.

Ermuntern Sie Ihre VKA-Kinder, sich Zeit zu nehmen, um herauszufinden, was sie fühlen. Lenken Sie ihre Aufmerksamkeit häufig auf sie selbst, indem Sie zum Beispiel fragen: „Was fühlst du in diesem Moment?" oder „Wie ist das für dich?" Schlagen Sie ihnen vor, sich zu bewegen oder sich zurückzuziehen, um darüber nachzudenken.

Helfen Sie VKA-Kindern, ihren eigenen Rhythmus zu finden, indem Sie ihnen zeigen, wie sie einen Takt klatschen oder trommeln können, der mit ihrem eigenen inneren Rhythmus übereinstimmt. Haben sie diesen Rhythmus gefunden, hilft ihnen das vielleicht dabei, auch mit eigenen Worten über etwas zu sprechen.

Unterstützen Sie Ihre VKA-Kinder dabei, herauszufinden, was sie wollen. Sie können ihnen beispielsweise vorschlagen, vor dem Spiegel mit sich selbst zu sprechen: Wenn sie sich darin sehen, spüren sie ihre Gefühle deutlicher als beim Zusammensein mit anderen. Alleinsein kann ihnen helfen, wenn sie sich hin- und hergerissen fühlen.

Wenn sie nicht gelernt haben, ihren eigenen Stil zu pflegen, kann in VKA-Kindern das Gefühl entstehen, daß sie das Leben anderer leben. Sie neigen dazu, sich mit anderen zu identifizieren. Wenn sie sich selbst und ihre eigenen Stärken nicht kennen, sind sie allzuleicht bereit, sich der Masse anzuschließen.

Unterstützung ihres auditiven Kanals

VKA-Kinder lassen sich leicht von Urteilen über sie beeinflussen. Achten Sie darauf, daß Ihre Worte und Ihr Tonfall ihr Selbstbewußtsein aufbauen. Was Sie sagen, wird tiefgreifend wirken. Kritik sollte, wenn möglich, schriftlich, nicht mündlich angebracht werden.

Vermeiden Sie bei VKA-Kindern Sarkasmus. Sie nehmen Dinge sehr wörtlich, erfassen den schneidenden Tonfall in Ihrer Stimme und verstehen vielleicht inhaltlich überhaupt nicht, was Sie sagen.

VKA-Kinder brauchen unbedingt das Gefühl, daß man ihnen zuhört. Lassen Sie ihnen genug Zeit zum Sprechen, haben Sie Geduld, wenn sie abschweifen. Spiegeln Sie entweder schriftlich oder mündlich wider, was sie gesagt haben. Vermitteln Sie ihnen, daß es Ihnen wichtig ist, was sie denken.

Lassen Sie in einem Gespräch genügend Raum für Pausen. Führen Sie nicht die Sätze Ihrer Kinder zu Ende, unterbrechen Sie nicht und legen Sie ihnen auch keine Worte in den Mund.

Oft ist es besser zu fragen: „Was hast du für ein Gefühl bei dieser Sache?“ als „Was denkst du darüber?“ So bleiben die Kinder präsent und konzentrieren sich auf ihre Gefühle. Fragt man sie nach ihrer Meinung, schalten sie möglicherweise ab. Achten Sie darauf, wenn der Blick von VKA-Kindern glasig wird. Vielleicht sprechen Sie zu schnell, zu intensiv oder zu abstrakt. Bleiben diese Kinder beim Sprechen stecken, sollten Sie sie auffordern, Ihnen das, was sie sagen wollen, zu zeigen.

Unterstützung im Alltag

In der Schule machen VKA-Kinder meist unterschiedliche Erfahrungen. Oft können Sie sehr gut lesen, finden aber nur schwer Zugang zu dem, was sie gelernt haben, und können es kaum ausdrücken. Was das Schreiben anbelangt, so sind manche von ihnen sehr begabt, ja kreativ. Unglücklicherweise nimmt ihr Vertrauen in ihre Lernfähigkeit im Laufe der Schulzeit immer mehr ab, da in unserem Bildungssystem Vortragen und Zuhören so sehr betont werden.

Als Eltern können Sie die Selbstachtung Ihrer VKA-Kinder am besten dadurch stärken, daß Sie die Sensibilität ihres auditiven Kanals respektieren und auf die Stärken im visuellen Bereich aufbauen. Wenn VKA-Kinder nach Hause kommen, sollten Sie Verständnis haben, wenn sie ihre Ruhe haben wollen. Sie brauchen einen Ausgleich für die verbalen Anstrengungen eines typischen Schultags. Andere wollen dagegen, daß man ihnen zuhört. Ihr Elternhaus ist vielleicht der einzige Ort, an dem sie mit einem gutem Gefühl reden können. Manchmal müssen sie den Lernstoff des Tages zusammenfügen, indem sie ihn mündlich wiederholen. Bleiben sie geduldig bei Pausen und Abschweifungen. Machen Sie Notizen für Ihre Kinder, damit diese eine visuelle Vorstellung von dem Gesagten haben. Fordern Sie sie auf, Ihre Notizen später zu ergänzen.

Unterstützen Sie Ihre Kinder beim Lesen. Sie haben ein gutes visuelles Gedächtnis für Wörter. Nehmen Sie Lesekärtchen, um ihnen das Einprägen schwieriger Wörter zu erleichtern. Betonen Sie visuelle Ähnlichkeiten bei Wortfamilien, so daß sie eine ganze Gruppe von Wörtern auf einmal lernen. Ermuntern Sie VKA-Kinder, sich Bilder zu den Geschichten, die sie lesen, auszudenken. Das wird ihnen helfen, Dinge zu verstehen und zu behalten. Fordern Sie sie auf, Zeile für Zeile mit dem Finger entlangzufahren. Probieren Sie aus, ob Ihre Kinder besser bei der Sache bleiben, wenn sie beim Lesen eine Kleinigkeit essen.

Machen Sie das Lesen zu einem Ereignis für die ganze Familie. VKA-Kinder bekommen gerne vorgelesen. Gehen Sie gemeinsam mit ihnen in die Bücherei. Lassen Sie die jüngeren VKA-Kinder anhand von Büchern lernen, die ihre wichtigsten Interessen behandeln.

Reservieren Sie in Ihrer Wohnung einen Platz, an dem Sie Dinge aufstellen, die Ihrem Kind wichtig sind oder die es selbst angefertigt hat: künstlerische oder technische Gegenstände, Bastelarbeiten, Fotos von besonderen Ereignissen und Orten, Trophäen, Urkunden, Karten oder Briefe. Diese Dinge sehen zu können bedeutet einem VKA-Kind viel, oft mehr als mündliches Lob. VKA-Kinder sind handwerklich oft sehr kreativ.

Menschen mit VKA-Muster erinnern sich am besten an das, was sie gesehen oder erfahren haben. Halten Sie ihnen keine Vorträge. Wenn Sie ein neues Thema anschneiden oder etwas erklären wollen, verbinden Sie es mit einem Erlebnis Ihres Kindes oder bieten Sie ihm eine visuelle Vorstellung an, die ihm beim Verstehen hilft. VKA-Kinder müssen mit dem, was sie lernen, aktiv umgehen können. Üben Sie mathematische Aufgaben in der praktischen Anwendung, etwa beim Bauen, Kochen oder bei der Gartenarbeit. Nehmen Sie Gelegenheiten wahr, Ihrem Kind die konkrete Umsetzung dessen zu zeigen, was es gerade in der Schule lernt: Besuchen Sie beispielsweise Handwerker, Köche, Mechaniker oder Computerfachleute.

Seien Sie aufmerksam, wenn Ihr Kind zu Hause übt und geben Sie ihm ein positives Feedback, wenn ihm etwas gut gelungen ist. Sein Arbeitsbereich sollte relativ ordentlich bleiben, da VKA-Kinder in visuellem Chaos nicht denken können. Auch sollten sie nicht durch kräftige Farben oder andere Dinge in Sichtweite abgelenkt werden.

Fazit

VKA-Kinder blühen auf, wenn Sie ihnen mit kleinen Gesten Ihre Liebe zeigen: d. h., wenn Sie etwas für sie tun, sie berühren oder ihnen kleine Briefe schreiben, in denen Sie sie für die Dinge loben, die sie gut gemacht haben.

10

Große Show mit vielen Worten: VAK Visuell-auditiv-kinästhetisch

Ein wirklicher Lehrer läßt in der Tat nichts anderes lernen als das Lernen.

Nach Martin Heidegger

- Lernt am leichtesten durch Sehen/Hören/Erfahren
- Drückt sich am leichtesten aus durch Zeigen/Sagen/Tun

Überblick

VAK-Kinder haben leuchtende, glänzende Augen. Sie lesen gern und machen auf alles, was sie gesehen haben, aufmerksam. Viele kleiden sich geschmackvoll. Gewöhnlich wählen sie farbenfrohe, gut zusammenpassende Kleidungsstücke, um gut auszusehen. Sie schreiben sich Merkzettel in ordentlicher, gut leserlicher Handschrift und sind im allgemeinen gute Schüler.

Menschen mit VAK-Muster erzählen gern Geschichten und können sehr überzeugend reden. Sie versuchen von Natur aus zu belehren und zu überzeugen. Hinter ihren Worten verbirgt sich viel Gefühl, das sich in ihrem Gesicht widerspiegelt.

VAK-Kinder haben nur ein oberflächliches Körpergefühl und müssen körperliche Tätigkeiten unter Umständen oft wiederholen, um sie zu lernen. Von Wettbewerbssportarten halten sie sich gewöhnlich fern. Sie sind oft sehr zurückhaltend, wenn es um Gefühle geht; Berührungen sind für sie nichts Nebensächliches, deshalb zögern sie oft bei Körperkontakt.

Visuelle Charakteristika

VAK-Kinder sind offen, eifrig und neugierig. Ihre Augen strahlen, und sie halten in den meisten Gesprächen den Augenkontakt aufrecht. Sie achten sehr auf visuelle Details, sowohl, wenn sie etwas betrachten, als auch, wenn sie etwas tun. Sie beobachten gern Menschen und Dinge, lieben es, Kataloge durchzublättern oder einen Schaufensterbummel zu machen.

Kleine Kinder mit VAK-Muster malen gerne in Malbüchern; es liegt ihnen mehr als freies Malen oder Zeichnen. Manche malen gerne Männchen. Sie haben Spaß an Brettspielen, Kartenspielen, Puzzles und Wortspielen.

VAK-Kinder wollen alles sauber und ordentlich haben, aber sie finden es manchmal langweilig, ihre eigenen Sachen in Ordnung zu halten. Sie sorgen gerne bei anderen für visuelle Ordnung und sehen gerne Tests durch. Sie melden sich oft freiwillig, um Lehrern oder Eltern zu helfen.

Sie haben keine Schwierigkeiten, sich an Dinge zu erinnern, die sie gesehen oder gelesen haben. Sie erfassen Sachverhalte leicht, wenn man sie ihnen demonstriert oder wenn sie sie nachlesen. Schriftliche Anleitungen, Tabellen oder Abbildungen helfen ihnen beim Lernen.

VAK-Kinder machen sich im allgemeinen gern Notizen, die sie kaum noch einmal durchsehen müssen – wenn überhaupt, dann kurz vor einem Test. In Klassenarbeiten schneiden sie meist gut ab, sie wiederholen den Lernstoff, indem sie etwas darüber lesen, schreiben oder ihn laut aufsagen. Sie können viele Details visuell speichern. Manchmal haben sie sogar ein fotografisches Gedächtnis.

VAK-Kinder sind talentierte Schauspieler oder Selbstdarsteller, sie spielen vor jedem Publikum. Manche sind zuweilen übertrieben hilfsbereit, da sie auf die Erwachsenen in ihrer Umgebung einen guten Eindruck machen wollen.

Die meisten VAK-Kinder sind Leseratten, die Gedrucktes regelrecht verschlingen. Eine phonetische Lehrmethode funktioniert bei ihnen gut. Im allgemeinen lernen sie am leichtesten durch Lesen. Sie beherrschen sowohl die Rechtschreibung als auch die Textbearbeitung und das Korrekturlesen; ihre Texte sind klar und logisch aufgebaut, übersichtlich und gut leserlich geschrieben.

Bei Kindern mit VAK-Muster lassen sich die Gefühle am Gesicht ablesen. Oft erkennen Sie mit einem Blick, wie Ihr Kinder sich fühlt, noch bevor es das selbst erkannt hat. Sein Gesicht leuchtet, wenn es spricht, wird aber ausdruckslos, wenn es sich bewegt.

Obwohl VAK-Kinder den Augenkontakt fast ständig aufrechterhalten, schauen sie immer wieder nach oben, um nachzudenken und nach Worten zu suchen. Sie müssen die Augen schließen, um zu spüren, wie sie sich fühlen oder was sie tun wollen.

Sprachliche Charakteristika

Im allgemeinen sind VAK-Kinder sehr sozial veranlagte ‚Menschenfreunde', die sich gerne mit ihren vielen Freunden und Verwandten unterhalten. Wenn sie einen Raum voller Menschen betreten, schauen sie sich meist nach jemandem um, mit dem sie reden können.

VAK-Kinder können sich sehr gut ausdrücken. Hinter ihren Worten verbirgt sich viel Energie und Gefühl. Manchmal gestikulieren sie mit den Händen, nachdem sie etwas gesagt haben, um einen Sachverhalt besonders zu betonen. Sie lehren und erklären gerne, sie lieben es, Geschichten mit vielen Einzelheiten zu erzählen, und verwenden dabei viele visuelle Metaphern, um für ihre Zuhörer ein Bild zu malen. Oft benutzen sie Wörter wie „sehen", „schauen", „farbig", „zeigen", „leuchtend" oder Sätze wie „Ich sehe ihren Standpunkt" oder „Wir sehen uns später". Füllwörter wie „hm", „wie?" oder „weißt du" sind für sie charakteristisch. Kinder mit dem VAK-Muster versuchen Erwachsene wie Kinder verbal davon zu überzeugen, Dinge genauso zu sehen wie sie.

VAK-Kinder sind oft schlagfertig. Sie behaupten sich auch in rasanten Diskussionen. Häufig denken sie laut, um sich zwischen zwei Möglichkeiten zu entscheiden oder um ihre eigene Meinung zu einer bestimmten Sache herauszufinden.

VAK-Kindern fällt es leicht, die zwei Seiten einer Medaille wahrzunehmen. Manchmal ist das für Zuhörer frustrierend: Heute sagen sie „hü", morgen „hott", und eigentlich meinen sie beides. Sie können zwei auditive Dinge gleichzeitig tun, zum Beispiel Radio hören und dabei telefonieren.

Fragt man sie nach ihren Gefühlen, verlangsamt sich ihr Sprechtempo beträchtlich. Einige werden zögern, überhaupt etwas zu sagen, wenn sie sich in Gegenwart des Fragenden nicht wohl und sicher fühlen. Sie als Eltern können oft sehr gut erkennen, wie Ihr Kind sich fühlt, wenn sie auf seine Stimme achten.

VAK-Kinder lassen sich gefühlsmäßig stark durch das beeinflussen, was sie hören. Durchdringender Lärm und ein schroffer Tonfall beeinträchtigen ihr emotionales Wohlbefinden. Musik kann ihre Stimmung oder ihren Energiepegel verändern, sie beruhigen oder elektrisieren bzw. anregen.

Körperliche Charakteristika

VAK-Kinder haben normalerweise nur ein sehr oberflächliches Gefühl für ihren Körper. Manchmal vergessen sie sogar, daß sie einen haben! Sie können lange sitzen, ohne das Bedürfnis nach Bewegung zu verspüren. Sie sind sich vielleicht ihres Körpers als Ganzem bewußt, aber es ist für sie schwierig, einzelne Empfindungen wahrzunehmen. Sie mögen wissen, daß ihr Bein weh tut, aber sie können nicht genau angeben, wo der Schmerz sitzt.

Kinder mit dem VAK-Muster scheuen oft vor körperlichem Wettbewerb zurück. Sie wollen sich frei bewegen, laufen, tanzen, radfahren, schwimmen oder Ski fahren. Während der Pausen bleiben sie gerne im Schulgebäude, um zu lesen oder jemandem zu helfen.

Strukturierte sportliche Bewegungsabläufe zu erlernen fällt VAK-Kindern manchmal schwer. In den entsprechenden Schulstunden fühlen sie sich am ehesten ‚unfähig'. Unter Umständen halten sie sich für schwerfällig, empfinden sich als gehemmt und befangen, wenn sie mit ihren Händen oder mit ihrem Körper lernen sollen.

VAK-Kinder werden ungeduldig und langweilen sich, wenn sie ein und dieselbe Tätigkeit mehrmals wiederholen müssen, und versuchen dabei zu variieren. Deshalb fällt es ihnen möglicherweise schwer, längere Zeit bei derselben Arbeit zu bleiben. Um Langeweile zu vermeiden, wechseln sie oft zwischen verschiedenen Tätigkeiten ab. Es kann sogar vorkommen, daß sie sich umentscheiden, auch wenn sie bereits mitten in einer Sache stecken. Manchmal haben sie Schwierigkeiten, Dinge zu beenden. Das mag auch daher kommen, daß sie nur schwer einschätzen können, wie lange sie für etwas brauchen werden.

Berührungen sind für Kinder mit VAK-Muster nicht nebensächlich. Körperliche Kontakte, sowohl negative als auch positive, hinterlassen einen starken Eindruck. VAK-Kinder sind gewöhnlich sehr zurückhaltend mit Berührungen, bevor sie jemanden gut kennen. Sie können mit Zudringlichkeiten schlecht umgehen. Diese hinterlassen einen bleibenden negativen Eindruck.

VAK-Kinder haben sehr starke Empfindungen, die sie nur zurückhaltend äußern. Worte, die Gefühle vermitteln, lösen bei ihnen die entsprechende Gefühle aus. Ihren Ärger können sie mit bösen Blicken, einer Geste oder einigen bissigen Zeilen zum Ausdruck bringen.

Menschen mit VAK-Muster geraten in Verwirrung und fühlen sich geistig blockiert, wenn zu viele verschiedene Dinge zu tun sind, wenn man sie fragt, wie sie sich fühlen, wie etwas gemacht wird oder wie sie es gemacht haben, und wenn man sie berührt.

VAK-Porträt

Anne berichtet: „Cathy war eine vorbildliche Schülerin. Manchmal fühlte ich mich als ihre Lehrerin beinahe überflüssig. Als sie in die fünfte Klasse kam, waren ihre schulischen Grundkenntnisse ausgezeichnet, sie las überdurchschnittlich gut, beherrschte die Grundrechenarten und schrieb sehr kreativ Aufsätze. Sie hielt ihr Pult in Ordnung, ihre Arbeiten waren übersichtlich gegliedert, sie wurde rechtzeitig fertig, und ich hatte nie Schwierigkeiten, ihre Handschrift zu lesen. Alle anderen schauten auf sie, wenn sie eine Antwort nicht wußten. Sie hielt sich aber meist zurück, um nicht für eine Streberin gehalten zu werden; sie wollte dazugehören.

Das bemerkenswerteste Erlebnis mit ihr hatte ich, als sie mich wegen eines Biologieversuchs ansprach. Sie hatte in einem Buch gelesen, wie aus einem Ei ein Küken entsteht, und war so neugierig geworden, daß sie sich von einem Bauernhof einige Eier besorgte und ihre Eltern bat, ihr beim Bau eines Inkubators zu helfen. Sie wollte wissen, ob die Klasse ihr bei dem Versuch helfen würde, da die Eier zweimal am Tag gewendet werden mußten. Acht Wochen lang bewachten wir ein halbes Dutzend Eier. Cathy sprühte förmlich, als sie uns beibrachte, wie diese Eier gehegt werden mußten. Sie erklärte uns sehr anschaulich, was innerhalb der dünnen Schale vor sich ging. Am Tag, an dem die Küken ausschlüpften, erwachte für sie und für uns alle der Lernstoff buchstäblich zum Leben."

Kommunikation mit VAK-Kindern

Unterstützung ihres visuellen Kanals

VAK-Kinder möchten vor allem gesehen und gehört werden. Sie erwarten Lob, wenn sie etwas gelesen, geschrieben oder visuell geschaffen haben. Sie verschicken und erhalten gerne Post. Schicken Sie ihnen Briefe, Karten und Bilder; hinterlassen Sie an unerwarteten Stellen kleine Briefe. Ermuntern Sie sie, Briefe an Freunde und Verwandte zu schicken. Es bereitet VAK-Kindern Vergnügen, etwas zu schreiben, was andere lesen werden.

Schreiben hilft VAK-Kindern auch, sich zu konzentrieren. Wenn Sie merken, daß Ihr Kind etwas verwirrt, führen sie mit ihm eine schriftliche Unterhaltung. Schenken Sie ihm ein Tagebuch. Erinnern Sie es daran, sich zu notieren, was es tun, lesen, kaufen, sagen oder lernen möchte. Suchen Sie gemeinsam einen Platz aus, wo es seine Notizen aufbewahren kann, so daß es sie findet, wenn es sich von zahlreichen Ansprüchen überfordert fühlt. Halten Sie Ihr Kind auch dazu an, sich aufzuschreiben, was es getan hat. Wenn es seine Leistungen schwarz auf weiß vor sich sieht, bleiben sie ihm im Bewußtsein.

Wenn Sie Ihr Kind an etwas erinnern wollen, können Sie ihm eine Notiz hinterlassen. Am besten wird es sein, wenn Sie ihm Aufträge sowohl schriftlich als auch mündlich geben.

Haben Sie Verständnis dafür, daß der optische Eindruck für VAK-Kinder sehr wichtig ist. Sagen Sie ihnen, wenn sie bemerken, daß sie ihr Zimmer aufgeräumt haben. Helfen Sie ihnen, ihre Kleidung in Stil und Farben so auszuwählen, daß sie ihr Selbstbild vorteilhaft unterstreicht. Äußern Sie sich darüber, welchen Eindruck Ihre Kinder auf Sie machen.

Augenkontakt ist für VAK-Kinder wichtig. Wenn sie Ihnen in die Augen sehen, wissen Sie, daß Sie ihnen aufmerksam zuhören, aber erwarten Sie nicht, daß sie den Augenkontakt unendlich lange aufrechterhalten – sie müssen oft nach oben sehen, während sie denken; das hilft ihnen beim Formulieren. Auch Ihr Gesichtsausdruck sagt Ihrem VAK-Kind eine Menge über Sie.

Ermuntern Sie Ihre Kinder, die Wirkung von Metaphern auszuprobieren. Fragen Sie sie beispielsweise, wie die vergangene Woche war: „Hattest du ein Gefühl wie auf einem Schiff oder wie auf der Achterbahn?“ VAK-Kinder sind neugierig auf die Grundstrukturen ihres Lebens; mit Metaphern können sie sich die Bedeutung dieser Muster auf kreative Weise erschließen.

Unterstützung ihres auditiven Kanals

VAK-Kinder brauchen oft viel Zeit, um ihre Erfahrungen durchzusprechen: was sie getan haben, wie sie sich fühlen, was sie mögen oder was ihnen schwerfällt. Sie wissen oft so lange nicht genau, was für ein Gefühl sie in einer Situation haben, bis sie diese aus allen Perspektiven erörtert haben. Oft wollen Sie keinen Rat und auch keine Zustimmung, sondern einfach nur ‚Sendezeit'. Fordern Sie sie auf, Ihnen zu erzählen, was sie denken, und hören Sie zu.

VAK-Kinder lassen sich gerne interviewen, führen gerne Zwiegespräche und helfen anderen, ihre Probleme verbal zu durchdenken. Setzen Sie sich ihnen direkt gegenüber. Stellen sie ausführlich Fragen, seien Sie neugierig. Spiegeln Sie ihnen, wie ihre Worte auf Sie wirken. Seien Sie ehrlich, auch wenn Sie ihnen Unangenehmes mitzuteilen haben. Erklären Sie VAK-Kindern Dinge anhand von Metaphern und Analogien. Haben Sie Geduld und unterbrechen Sie sie nicht, wenn sie Ihnen ihre Gefühle schildern. Da diese tief in ihrem Innern verborgen sind, werden sie Zeit fürs Formulieren brauchen und viele Pausen machen. Vielleicht schließen sie auch die Augen oder blicken nach oben, um die richtigen Worte zu finden.

Unterstützung ihres kinästhetischen Kanals

VAK-Kinder empfinden sehr tief. Sitzen sie öfter einfach schweigend mit ihnen zusammen, während sie sich auf ihren Körper und ihre Gefühle konzentrieren. Lassen Sie ihnen Zeit auszudrücken, was in ihnen vorgeht, nicht nur mit Worten, sondern auch körperlich: mit Tränen, Gelächter oder Bewegungen. Erzählen Sie bitte Kindern mit VAK-Muster nicht, was sie ihrer Meinung nach fühlen. Wenn ein Ausdruck, ein Tonfall oder eine Haltung Ihre Neugier weckt, haken Sie nach.

Wenn Sie etwas gemeinsam tun, sollten Sie, wenn möglich, dem Rhythmus Ihres Kindes folgen. Helfen Sie ihm einschätzen zu lernen, wie lange es für bestimmte Tätigkeiten braucht. Fragen Sie es lieber, was es zu tun hat, anstatt ihm seine Pflichten aufzuzählen. Vermeiden Sie es, Dinge anstelle Ihres Kindes zu tun. Setzen Sie für Arbeiten genaue Zeitlimits und erklären Sie Ihrem Kind, welche Konsequenzen es haben wird, wenn es nicht rechtzeitig fertig wird.

Haben Sie Geduld, wenn Sie VAK-Kindern körperliche Fertigkeiten beibringen wollen. Machen Sie Angebote, zwingen Sie sie zu nichts. Zeigen Sie ihnen, wie Sie einen Bewegungsablauf gelernt haben. Und akzeptieren Sie, wenn sie das, was Sie ihnen beigebracht haben, auf ihre eigene Weise tun. Finden Sie lobende Worte für ihre Bemühungen und ihre Fortschritte. Fordern Sie sie auf, Dinge, die sie gerade lernen, für sich alleine und in ihrem Tempo zu üben. Akzeptieren Sie es, wenn sie Erfolge längere Zeit für sich behalten.

Helfen Sie Ihren Kindern auszuführen, was sie sich vorgenommen haben. Machen Sie eine Tabelle, eine Liste oder ein Schaubild, das sie visuell an ihre Verpflichtungen erinnert. Achten Sie darauf, daß ihre Erwartungen in einem vernünftigen Rahmen, d. h. erfüllbar bleiben, damit sie auch die Befriedigung erleben können, etwas geschafft zu haben. Unterteilen Sie gemeinsam größere Aufgaben in kleinere überschaubare Teilaufgaben. Sorgen Sie dafür, daß diese Abwechslung bieten. Die Kinder halten vielleicht nicht durch, wenn sie Routinearbeit bewältigen müssen. Helfen Sie ihnen, Sätze oder Bilder zu finden, die sie zum Arbeiten motivieren, schreiben oder malen Sie sie auf Papier und befestigen Sie sie an gut sichtbarer Stelle. Ermuntern Sie die Kinder, sich bei einer Tätigkeit selbst sichtbar und hörbar zu loben. Die Kinder sollten sich auch belohnen, wenn sie etwas geschafft oder fertiggestellt haben.

Unterstützung im Alltag

Es mag so aussehen, als bräuchten VAK-Kinder zu Hause kaum Hilfe von Ihnen. Sie kommen in der Schule gut mit, hauptsächlich deshalb, weil die traditionellen Unterrichtsmethoden, Zeigen und Vortragen, in ihr Lernmuster passen und ihre grundlegenden Bedürfnisse im Lernprozeß abdecken. Es kann jedoch sein, daß sie sich Wissen nur oberflächlich aneignen: VAK-Kinder haben ein gutes Kurzzeitgedächtnis, können sich den Lernstoff für Klassenarbeiten gut merken und schneiden darin auch dementsprechend gut ab, aber sie behalten das Gelernte oft nicht über einen längeren Zeitraum. Zu oft fehlt die kinästhetische Komponente, durch die das Lernen erst zu einer lebendigen Erfahrung wird. Wenn Ihr Kind nach dem VAK-Muster lernt, sollten Sie gute Zeugnisnoten nicht unbedingt als Zeichen einer befriedigenden Lernerfahrung werten.

Als Eltern können Sie Ihren Kindern helfen, das Gelernte zu vertiefen, indem Sie Begeisterung für den Stoff in ihnen wecken. Zeigen

Sie Interesse, auch wenn Ihre Kinder die meisten Aufgaben im allgemeinen selbständig erledigen können. Nehmen Sie sich Zeit, mit ihnen über ihre Interessengebiete zu sprechen. Geben Sie ihnen Gelegenheit, ihr Wissen zu erweitern, und achten Sie darauf, daß es ihnen Spaß macht. Wird in der Schule zum Beispiel gerade Astronomie behandelt, besuchen Sie ein Planetarium oder schlafen Sie in einer sternklaren Nacht mit Ihren Kindern im Freien.

Lesen Sie gemeinsam. Lesen Sie den Kindern vor oder lassen Sie sich vorlesen. Wenn ältere Kinder mit VAK-Muster ein Buch lesen müssen, lesen Sie es auch und sprechen Sie mit ihnen darüber. Lassen Sie sich ebenfalls vorlesen, was Ihre Kinder geschrieben haben. VAK-Schüler können einen Text besser überarbeiten, wenn sie ihn laut gelesen haben, um zu beurteilen, wie flüssig er geschrieben ist.

VAK-Kinder können unter Umständen in einer visuell unordentlichen Umgebung nicht denken. Richten sie ihnen einen eigenen Arbeitsplatz ein, den sie in Ordnung halten können. Sie sollten dort nicht von allzu vielen Farben oder Gegenständen abgelenkt werden. Reservieren Sie auch einen Platz in der Wohnung, wo Sie die von Ihrem Kind angefertigten Dinge aufstellen: zum Beispiel Bilder oder Fotos.

Unterstützen Sie VAK-Kinder beim Sprechen und Vortragen. Lassen Sie sich ihre Lieblingsgeschichten erzählen und erzählen Sie auch Ihre eigenen. Üben Sie mit ihnen Streitgespräche. Die Kinder werden bald in der Lage sein, die Argumente beider Seiten zu verstehen. Beim Aussprechen ihrer Gedanken wird ihnen ihre eigene Meinung klar.

VAK-Kinder haben oft Schwierigkeiten, sich die Zeit einzuteilen. Sie trödeln gerne und können oft nicht genau beurteilen, wie lange sie für eine Sache brauchen. Ebenso wie bei ihren Pflichten können Sie ihnen auch bei größeren Projekten oder schriftlichen Arbeiten helfen, diese in kleine Abschnitte zu unterteilen und realistische Termine zu planen. Raten Sie ihnen, in ihrem Zeitplan einen gewissen Spielraum zu lassen. Und vergessen Sie auch hier nicht, Fortschritte aufzuzeichnen und Ihre Kinder durch Belohnungen zu motivieren.

Bei umfangreicheren Arbeiten können sich VAK-Kinder die Einzelheiten sehr genau vorstellen, schaffen aber die praktische Umsetzung mit ihren Händen nicht so leicht. Bringen Sie sie dazu, Pläne zu vereinfachen.

VAK-Kindern fällt es leicht, am Computer zu arbeiten. Sie können dabei die visuellen Details gut im Auge behalten. Ermuntern Sie sie, sich möglichst frühzeitig mit dem Computer zu befassen.

Fazit

VAK-Kinder, die die ganze Welt ‚aufklären' wollen, brauchen Gelegenheiten, bei denen sie brillieren können. Sie müssen ihnen zuhören, wenn sie ihre Gefühle erforschen, und sie ermutigen, sich tief genug auf sich selbst einzulassen, um ihre Ziele und Visionen zu erkennen.

11

Die Kunst des Unterrichtens

Bildung bedeutet nicht, einen Kessel zu füllen, sondern ein Feuer zu entzünden.

Nach Carl Gustav Jung

Eine der häufigsten Fragen, die uns bezüglich unserer Methode gestellt wird, ist folgende: „Es mag schon sein, daß Kinder unterschiedlich lernen, aber wie kann ein Lehrer es dann schaffen, alle dreißig Schüler in seiner Klasse zu unterrichten?"

Es ist durchaus möglich, Schüler mit den sechs verschiedenen Mustern in einer Klasse zu unterrichten. Aber dazu muß man bereit sein zu akzeptieren, daß die gleichen Noten, auf verschiedenen Musikinstrumenten gespielt, völlig unterschiedliche Klänge ergeben. Das Verständnis von Wahrnehmungsprozessen bedeutet, daß wir unsere gewohnten Vorstellungen von Unterrichtsweisen und von der Rolle des Lehrers ändern müssen. In diesem Kapitel werden wir untersuchen, wie allen Kindern einer Klasse Wissen wirkungsvoll und lebendig vermittelt werden kann.

Unterricht als Kunstform

Ein Lehrer ist ein Künstler. Die erfolgreichsten Lehrer gehen ihre Arbeit genauso an wie Bildhauer oder Möbelschreiner. Diese bearbeiten das Holz nicht gegen die Maserung, sondern mit ihr. Gute Lehrer bemühen sich, die einzigartigen geistigen Eigenschaften und

Stärken eines jeden Kindes zu respektieren und richten Ihre Didaktik danach aus.

Im Japanischen beispielsweise heißt es nicht: „Ich schaue das Kind an“, sondern: „Das Kind und ich, wir schauen uns an“. Analog gilt für einen Lehrer nicht: „Ich unterrichte das Kind“, sondern: „Das Kind und ich, wir unterrichten uns gegenseitig“.

Kinder sind im Lernen erfahren. Was können sie uns über ihr Staunen, ihre Kreativität und ihr Mitgefühl, über ihre Lernmethoden und Bedürfnisse lehren? Erfolgreiches Lernen ist eine Entdeckungsreise für Lehrer *und* Schüler. Es geht grundsätzlich darum, Bildung neu zu definieren.

Vergleichen wir einmal die Quelle des Wissens mit einer Lampe auf dem Helm eines Bergmanns. Wird der Lehrer als die Quelle allen Lernens betrachtet, geht das Licht von ihm aus und leuchtet auf die Kinder herab. Was wäre aber, wenn wir annähmen, daß in jedem Kind ein Licht ist? Und die Aufgabe des Lehrers darin bestände herauszufinden, wie er dem Kind helfen kann, sein Licht zu entzünden?

Die Verschiebung der Schwerpunkte, die hier metaphorisch beschrieben wurde, bedeutet, den Prozeß der Bildung als einen Prozeß der Mitbestimmung zu betrachten: Den Schülern sollte die Möglichkeit geboten werden zu wählen, was sie lernen, wie sie lernen und wie sie das Gelernte umsetzen und bewerten.

Kinder widersetzen sich Veränderungen nur, wenn sie ihnen aufoktroyiert werden. Sie als Mutter, Vater oder Lehrer müssen nicht die pädagogischen Inhalte revidieren, sondern die Lehrmethode. Der gesunde Menschenverstand sagt Ihnen, daß man, bevor man sich Gedanken darüber macht, wohin man fährt, erst einmal Auto fahren lernen muß. Übertragen auf pädagogische Belange, bedeutet dies, daß Kinder möglichst früh lernen müssen, wie ihr Geist arbeitet. Es ist nicht schwierig, Kinder dafür zu interessieren. Alle Kinder wollen soviel wie möglich über ihre geheimnisvolle innere Welt wissen.

Das Denkmuster eines Menschen können Sie am besten entdecken, indem Sie sich von ihm etwas beibringen lassen. In unserem Beispiel erklärt Joshua Mrs. Jamison die richtige Haltung beim Baseballspiel: „Also, Mrs. Jamison, Sie sagen sich einfach, daß Sie es können; dann nehmen Sie den Baseballschläger in die Hand und achten darauf, daß Sie ihn fest im Griff haben. Ja, großartig! Jetzt fühlen Sie, wie Sie mit den Knien nachgeben und zählen, während der Werfer Schwung holt ..." Mrs. Jamison weiß jetzt, daß Joshua mit dem auditiven Kanal organisiert, mit dem kinästhetischen sortiert und mit dem visuellen (der nicht verbalisiert wird) kreativ ist. Sie kann sich darauf einstellen, daß er neue Wörter lernt, indem er beispielsweise Liedzeilen bildet und sich dazu bewegt. Sie kann ihn mit Simon, der mündlich sehr gehemmt, aber visuell sehr aktiv ist, zusammensetzen, wenn es darum geht, Poster und Werbeslogans für die Schule zu entwerfen.

Die Erforschung des Lernprozesses muß mit dem Stoff verbunden werden, der gerade gelehrt wird. Nur bis dahin können wir Fürsprecher für unsere Kinder sein. Wenn sie wissen, wie ihr Geist arbeitet, können sie selbst am besten für sich eintreten. Stellen Sie sich vor, wie Celeste zu ihrem Lehrer sagt: „Ich habe verstanden, was Sie gerade erklärt haben, aber ich brauche eine visuelle Hilfe, um es anzuwenden. Würden Sie mir bitte ein Diagramm aufmalen, damit ich es verstehe?" Schüler können am eigenen Lernprozeß beteiligt werden, indem man sie auffordert zu fragen, was sie wissen wollen und indem sie Erwachsenen dabei helfen, es ihnen beizubringen.

Wir alle müssen uns darin üben, gemeinsam zu lernen. Die zunehmende Gewalt in unserer Gesellschaft macht deutlich, daß es darum geht, kommunikative Fähigkeiten zu trainieren. Viele Konzerne haben bereits begriffen, daß die Arbeit im Team erfolgversprechender ist als Einzeltätigkeit und zur Qualitätsverbesserung beiträgt. Die meisten von uns haben jedoch gelernt zu konkurrieren, anstatt zusammenzuarbeiten. Das Zusammensein mit Freunden hingegen mögen Kinder an der Schule, am Sommercamp, an den Pausen und Arbeitsgemeinschaften am meisten. Für Kinder ist Spielen und Lernen dasselbe. Nur die Schule bewirkt, daß sie diese Dinge zu unterscheiden lernen. Je mehr Spaß man an einer Sache hat, desto mehr wird man sich für sie einsetzen und desto erfolgreicher wird man sein.

Noch heute bringen sich in Großfamilien die Kinder vieles gegenseitig bei. Oft lernen wir die wichtigsten Dinge von Gleichaltrigen. Wie wäre es, wenn man Kinder mit gleichen Denkmustern zusammenbringen und anleiten würde, das Einmaleins zu lernen? Die KAV-Kinder bauen dann vielleicht ein Boot aus Holz von 15 mal 20 cm; die VKA-Kinder zeichnen möglicherweise Pläne für eine Brücke; die VAK-Kinder erfinden vielleicht Geschichten über das Sechs- und Siebenland, die von den AKV-Kindern gespielt werden.

Die KVA-Kinder könnten in Ruhe Blätter mit sieben Zacken suchen, und die AVK-Kinder würden sich Anfeuerungsrufe ausdenken.

Wir müssen auf der Beziehungsebene über das Lernen nachdenken: Wie hilft man einem Kind am besten, eine Beziehung zu seinem eigenen Geist, zu anderen Kindern, zu den Lehrern und zu den Eltern aufzubauen? Wie sähe diese Beziehung aus, wenn Sie sich wie ein Mentor oder wie ein Trainer verhielten, der führt, ohne herumzukommandieren? Wie gut gelingt es Ihnen, die Fähigkeiten ihrer Kinder einfach als unterschiedlich und nicht im Hinblick auf Mängel zu bewerten? Schaffen Sie es, Lehrer als Kollegen, die im selben Boot sitzen, zu akzeptieren? Können Sie diesen Lehrern helfen, eine Beziehung zu ihren eigenen Wahrnehmungsmustern aufzubauen, damit sie lernen, Wissen optimal zu vermitteln?

Umsetzung in die Praxis

In den letzten Jahren haben mich viele Leute immer wieder gebeten, einen Test auszuarbeiten, mit dem das Lernmuster eines Kindes bestimmt werden kann. Doch gelinde gesagt verabscheue ich standardisierte Tests, bei denen in einer festgesetzten Zeit Rubriken ausgefüllt werden müssen. Man testet nie, was man eigentlich testen will: Die Tests sagen nichts über das aus, was man wissen müßte, um jemandem etwas beizubringen, und – was am schwersten wiegt – sie sind für Kinder mit AKV- und KAV-Muster, also mindestens ein Drittel, absolut ungeeignet. Sie zeigen bestenfalls, wie gescheit die Leute sind, die den Test entworfen haben. Wenn ich selbst nichts über Lernmuster wüßte, wäre jeder von mir erstellte Test auf die Disposition von VAK-Kindern abgestimmt und würde KAV-Kinder enorm benachteiligen.

„Standardisiert" und „individualisiert" sind sich widersprechende Begriffe. Als ich in New Hampshire eine fünfte Klasse unterrichtete, entdeckte ich ein kleines Buch für fünf Dollar mit dem Titel *Deal Me In*, das ein sehr fähiger Lehrer geschrieben hatte. Erwachsene konnten anhand dieses Buches lernen, die Wahrnehmungsfähigkeiten von Kindern zu entdecken, indem sie mit ihnen etwa eine Stunde lang verschiedene Kartenspiele spielten. Während ich das Buch verschlang, brachte der damalige Schulpsychologe die sogenannten lernbehinderten Kinder in sein Büro, damit sie dort einen standardisierten Test machten, mit dem ebenfalls Wahrnehmungsmuster bestimmt werden sollten: Dieser Test kostete jedoch mehrere hundert Dollar, dauerte drei Stunden, erforderte zwei Stunden Auswertung und eine weitere Stunde zum Schreiben des Berichts. Paralyse durch Analyse!

Schlüpfen Sie kurz in die Rolle des Schulpsychologen. Was ging wirklich vor im „hyperaktiven“ Butch, der im Unterricht nicht stillsitzen konnte? Oder was war mit Dora, die so leicht abzulenken war und beim Aufsatzschreiben immer aus dem Fenster schaute? Oder mit dem „aufsässigen“ Fred, der nichts sagte, als ihn sein Französischlehrer aufforderte, das Verb „avoir“ zu konjugieren?

Anstatt die Kinder mit Computerblättern zu traktieren, wäre vielleicht ein Experiment hilfreich: Eine Woche beobachten Lehrer, Schüler und Eltern gemeinsam, wie jedes Kind lernt. An den Wänden des Klassenzimmers können sie große Blätter befestigen, die jeweils den Namen eines Kindes tragen. Jeder Anwesende, der eine Begabung oder Vorliebe dieses Kindes entdeckt, schreibt diese auf das Blatt. Die Erfahrung, gemeinsam und mit Freude etwas übereinander zu lernen, kostet einige Bogen Papier.

Besuchen wir einmal eine vierte Klasse. Dort wird Rechtschreibung geübt. Nach traditionellem Muster müssen die Kinder zunächst die Wörter aufschreiben und dann Sätze damit bilden. Sie wiederholen die Buchstaben innerlich immer wieder wieder. Da ein bestimmter Wochentag ist, werden Blätter für eine Klausur numeriert. Wer alle neuen Wörter richtig schreibt, muß den Test am nächsten Tag nicht noch einmal machen. Das alles könnte 1942 oder 1992 stattfinden. Die Lehrerin geht nach dem amtlichen Stoffplan vor. Sie ist die ‚Chefin‘. Sie bringt allen das gleiche auf die gleiche Weise bei. Die Schüler mit guter Rechtschreibung kommen problemlos mit, die anderen versuchen, durch fleißiges Üben aufzuholen, oder sie geben einfach auf. Sie geben beim Schreiben überhaupt auf, da auch in anderen Fächern auf die Rechtschreibung genausoviel Wert gelegt wird wie auf die Wiedergabe des Inhalts. Das kann bedeuten, daß die Schüler sprachliche Fertigkeiten aus Frustration nicht weiterpflegen.

Aber nehmen wir einmal an, die Lehrerin weiß alles über Denkmuster und bemüht sich, interaktiv zu unterrichten. Im Klassenzimmer geht es beim Üben der Rechtschreibung sehr lebendig zu. Jedes Kind hat seine Liste mit Wörtern, die aus den Geschichten stammen, die es gelesen hat, oder aus anderen Unterrichtsfächern.

Die Kinder habe sich paarweise, in Gruppen und alleine über den Raum verteilt. Zwei VAK-Kinder gestalten mit bunter Tinte aus den Wörtern ein Bild. Eine kleine Gruppe AVK-Kinder hat ihren eigenen Rechtschreibwettbewerb in der Ecke. Zwei VKA-Kinder stehen an der Tafel, und eines versucht, die Fehler zu finden, die das andere absichtlich in die Wörter an der Tafel eingebaut hat. Zwei KVA-Kinder arbeiten zusammen und schreiben jeweils die Wörter auf, die ihnen der Partner mit dem Finger auf den Rücken schreibt. Und vier oder fünf andere arbeiten alleine am Computer und entwickeln Rechtschreibspiele für den Rest der Klasse. Eine Gruppe von AKV-Kindern ist draußen und ruft sich jeweils beim Seilspringen Wörter zu, während einige KAV-Kinder einen Ball hin- und herwerfen und beim Zuspielen jeweils ein Wort der gegenüber stehenden Gruppe rufen.

Alle diese Kinder werden im Rechtschreiben gut abschneiden. Sie lernen Wörter zu schreiben, die für sie eine Bedeutung haben. Der Lehrer übernimmt die Führung, indem er jedem Kind hilft, positive Erfahrungen zu machen: Die Kinder merken, daß die Wörter nicht zu schwierig für sie sind und sie sie bewältigen können. Die ihnen vorgegebenen Lernmöglichkeiten bieten die größtmögliche Erfolgschance, da sie für die jeweiligen Denkmuster maßgeschneidert sind. Die Schüler können den Zeitpunkt und die Form einer Bewertung ihrer Leistungen mitbestimmen. In diesem Klassenzimmer arbeiten Lehrer und Schüler zusammen, teilen Verantwortung, Spaß, Erregung und Befriedigung beim Lernen. Keiner versagt, auch nicht der Lehrer.

Allgemeine Richtlinien

Die folgende Aufstellung soll keine umfassende Liste von Empfehlungen für Unterrichtsmethoden darstellen. Sie soll vielmehr illustrieren, wie die Kenntnis der Wahrnehmungsprozesse unseren Unterrichts- und Lernstil beeinflußt. Zu Beginn die wichtigste Richtlinie: Lernen ist dann am wirkungsvollsten, wenn bei der Vermittlung neuer Informationen sowohl eine auditive, als auch eine visuelle und eine kinästhetische Komponente enthalten sind. Mit anderen Worten: Wissen sollte durch Lesen und Demonstrieren, durch Tun und verbale Unterweisung weitergegeben werden.

Nehmen wir als Unterrichtsbeispiel den Wetterbericht. Ein Besuch in der örtlichen Wetterstation würde sicher alle drei Modalitäten berücksichtigen. Höchstwahrscheinlich könnte jemand erklären, wie der Wetterbericht im einzelnen zustande kommt. Die Kinder würden sich die Meßinstrumente anschauen und sie (hoffentlich auch) berühren. Die Kenntnis des Umfeldes, in dem der Wetterbericht entsteht, hilft, aus dem Wissen eine lebendige Erfahrung zu machen.

Ist die Besichtigung einer Wetterstation nicht möglich, könnten die Schüler Wetterberichte anhören, in der Zeitung lesen und außerdem lernen, wie bestimmte Meßinstrumente abzulesen sind. Wieder wären alle drei Modalitäten beteiligt. Zu oft kommt es vor, daß Lehrer die Schüler nur einen Text über den Wetterbericht lesen lassen.

Genauso wichtig wie die Vermittlung des Lernstoffs ist dessen Wiedergabe durch die Kinder: Wie zeigen sie, daß sie den Stoff begriffen haben? Auch hier sollten sie die Chance erhalten, alle drei Kanäle zu beteiligen. Die Schüler in unserem Beispiel, die gerade das Wetter durchnehmen, bauen hinten im Klassenzimmer vielleicht ihre eigene Wetterstation. Oder sie berichten mündlich, welche Bedingungen zu verschiedenen Schlechtwetterlagen führen. Sie könnten die gegenwärtigen Wetterdaten zusammenstellen und später überprüfen, wie genau ihre Vorhersagen eingetroffen sind.

Diese Vorschläge erscheinen Ihnen vielleicht ziemlich simpel. Aber wie oft werden sie im ‚normalen' Unterricht aufgegriffen? Und wie oft wiederum verlangen Lehrer – aufgrund von Materialmangel und nicht ausreichender Vorbereitungszeit oder aufgrund falscher Annahmen – daß alle Schüler in einem schriftlichen Test beweisen, was sie gelernt haben?

Je mehr Wahrnehmungskanäle bei der Darbietung eines Stoffs einbezogen werden und je mehr Möglichkeiten angeboten werden, das Gelernte wiederzugeben, desto engagierter und motivierter arbeiten die Schüler. Sie interessieren sich für den Stoff; das erleichtert sowohl den Lehrern ihre Arbeit als auch den Schülern das Lernen. Die Lehrer sollten sich immer darüber klar sein, daß die Reaktionen ihrer Schüler auf Stoffvermittlung über alle drei Kanäle sehr unterschiedlich sein werden. AKV-Kindern macht es vielleicht Vergnügen, etwas vorzutragen oder einer kleinen Gruppe etwas beizubringen. VKA-Kindern fiele genau dies immens schwer. Kinder mit dem KAV-Muster blühen vermutlich bei einem praktischen Versuch in Naturkunde richtig auf, während ein AVK-Kind dabei Unterstützung braucht, weil es das Gefühl hat, ungeschickt zu sein, und deshalb unsicher ist.

Kenntnisse über die Wahrnehmungsverarbeitung werden Lehrern helfen, einige der typischen, sie frustrierenden Verhaltensweisen von Schülern als Hinweise auf deren Lernbedürfnisse zu interpretieren. Wenn Schüler herumalbern oder abschalten, sollte dies den Lehrer dazu veranlassen, zum Lernen oder zur Wiedergabe des Stoffs in eine andere Modalität zu wechseln. Vielleicht brauchen die Schüler eher Bewegung als Worte.

Schüler gewinnen Vertrauen in ihr Lernvermögen, wenn sie beim Lernen ihren dominanten Kanal einsetzen können und seine Stärke auch dann nutzen, wenn die weniger leicht zugänglichen Kanäle in einer Lernsituation gefordert sind. Lehrer sollten ihre Schüler dabei unterstützen. Beispielsweise können sich AKV-Kinder, die offensichtlich sprachlich begabt sind, die Rechtschreibung mündlich einprägen. Die Wörter immer wieder aufzuschreiben kann für sie mühselig sein und ist oft nicht von Erfolg gekrönt, sie erinnern sich jedoch leicht an Worte, die sie in einer Art Singsang buchstabiert haben.

Besondere Aufmerksamkeit ist aber auch dem unbewußten Kanal der Kinder zu zollen. Lehrer müssen sich bewußt bleiben, welche Herausforderung eine Lernsituation für die zeitraubende Arbeitsweise des unbewußten Geistes bedeutet. Bei Arbeiten, die später benotet werden, wäre es gut, die Schüler, die es riskieren, mit dem sehr sensiblen und überaus kreativen Unbewußten zu arbeiten, besonders zu ermutigen und kein bestimmtes Zeitlimit für die Erledigung der Abgabe festzusetzen.

Kinder beispielsweise, die über den kinästhetischen Kanal unbewußt denken, sollten darin bestärkt werden, sich genügend Zeit zu lassen, wenn sie Bewegungsmuster erlernen, wie zum Beispiel im Werkunterricht, und sie sollten ermutigt werden, mit sich selbst anstatt mit anderen Schülern in Wettbewerb zu treten. Genauso sollte es Schülern, die den visuellen Kanal unbewußt nutzen, erlaubt sein, schriftliche Aufgaben zu Hause zu erledigen oder selbst zu bestimmen, wieviel Zeit sie wahrscheinlich dazu brauchen werden. Und Schüler schließlich, deren Unbewußtes den auditiven Kanal einsetzt, sollten aufgefordert werden, sich ein bildliches Modell vorzustellen, wenn sie sprechen, und sie sollten oft die Möglichkeit erhalten, nur zu ein oder zwei anderen Kindern zu sprechen anstatt zur ganzen Klasse.

Es wird unvermeidlich sein, einige Informationen ausschließlich über einen Kanal zu vermitteln, so daß manche Schüler auf ihr

Unbewußtes angewiesen sind. Dies ist jedoch nicht weiter schlimm. Bei diesen Schülern sollten Sie dafür sorgen, daß einer der beiden anderen Kanäle offen bleibt. Sie stellen damit sicher, daß die Kinder aufpassen können.

Wir alle haben bestimmte, von anderen oft als schlecht bezeichnete Angewohnheiten, mit denen wir uns wachhalten. Diese Angewohnheiten haben in Wirklichkeit oft einen Sinn: Wenn Steve, ein Kind mit VKA-Muster, mit seinen Haaren spielt oder seinen Bleistift über den Tisch rollt, sind sich seine Lehrer oft nicht bewußt, daß diese kleinen kinästhetischen Tätigkeiten ihm helfen, aufmerksamer zuzuhören.

Wenn wir das Bedürfnis verstehen, das solchen Angewohnheiten zugrunde liegt, müssen wir es nicht länger kontrollieren oder versuchen, es uns abzugewöhnen. Wir können es sinnvoll nutzen und versuchen, es vielleicht auf weniger störende Weise zu befriedigen.

Im Denkmuster jedes Menschen gibt es zwei Kanäle – den bewußten und den unbewußten –, die nicht direkt miteinander in Verbindung stehen. Lehrer, die sich dieser fehlenden Verbindung bewußt sind, können ihren Schülern helfen, die Lücke zu überbrücken. Bei VAK-Kindern beispielsweise ist der mittlere auditive Kanal äußerst wichtig, wenn sie lernen, etwas mit den Händen oder dem Körper zu tun – sie müssen sprechen, um Augen und Hände zu koordinieren.

Ähnlich haben manche VKA-Kinder beim Vorlesen Schwierigkeiten, denn sie müssen aussprechen, was sie sehen. Diesen Kindern hilft es, mit dem Finger die Zeilen entlangzufahren, aufzustehen, etwas mit den Händen zu tun oder sich zu bewegen, wenn sie mit dem Lesen an der Reihe sind.

Wenn Sie einmal die Grundlagen der Denkmuster verstanden haben, können Sie flexibel auf die Grundbedürfnisse der einzelnen Kinder eingehen.

Gelangweilt und herumkommandiert

Über zwei Dinge beklagen sich die meisten Schüler aller Altersstufen: daß sie sich in der Schule langweilen und das Gefühl haben, herumkommandiert zu werden. Bei Tätigkeiten außerhalb des Lehrplans beklagen sie sich hingegen nur selten.

Wenden wir uns zunächst der Langeweile zu. „Gelangweilt" heißt soviel wie „frustriert". Kinder lernen, indem sie sich Fragen stellen: „Worum geht es?" – „Wozu ist das gut?" (Inwiefern ist es für mich wichtig?) – „Und was jetzt?" (Kann ich das lernen und auch gebrauchen?) Wenn Kinder diese Fragen nicht beantworten können, sind sie frustriert und äußern wahrscheinlich, daß sie sich langweilen.

Der Begriff „Langeweile" vernebelt oft nur, was Kinder über sich selbst denken. „Das ist blöd. Muß ich das machen?" bedeutet oft soviel wie „Ich bin blöd. Ich befürchte, daß ich das nicht kann." Oft *können* Kinder auch einfach deshalb nicht lernen, weil ihnen der Stoff nicht so dargeboten wird, wie ihr Geist ihn am leichtesten aufnimmt.

Obwohl er noch in der Vorschule ist, sagt Annes Sohn Brian manchmal, daß die Schule langweilig sei. Fragt sie nach, so stellt sich meist heraus, daß Brian sich vor etwas drückt, weil er Angst hat zu versagen. Sehr häufig haben die Dinge, die er langweilig findet, mit seinem unbewußten Kanal zu tun: Tätigkeiten, bei denen er (AKV) sich visuell auf Details konzentrieren muß.

Denken Sie daran, daß das Gehirn eines Kindes eine Lern- *und* Überlebensmaschine, d. h. dazu da ist, Wissen aufzunehmen *und* zu produzieren. Niedergeschlagenheit, Gekränktsein, Krankwerden und Sich-mies-Fühlen sind Versuche, Frustrationen zu mildern. Wenn Kinder das, was sie tun sollen, nicht schaffen, muß der Stoff so unterteilt werden, daß er zu bewältigen ist, oder eine andere Unterrichtsmethode muß zur Anwendung kommen. Es ist sinnlos, Kinder dazu bringen zu wollen, etwas zu tun, an dem sie sich von vornherein scheitern sehen. Genausogut könnte man versuchen, einen Fabrikarbeiter dazu zu bewegen, einen Gegenstand hochzuheben, den er nicht von der Stelle bewegen kann. Schüler müssen ermutigt werden, nicht nur das zu tun, was ihnen keine Mühe macht, sondern sich auch ohne Streß an Aufgaben zu wagen, die ihnen schwerfallen. Es ist nicht notwendig, sie noch zusätzlich zu motivieren. Die Erkenntnis, daß sie gute Arbeit leisten können, genügt als Motivation.

Diese natürliche Motivation und die persönliche Einschätzung einer Leistung sind für die Kinder äußerst wichtig. Deshalb müssen wir beim Lernstoff darauf achten, daß er nützlich, für die Kinder relevant und verständlich ist. Auch müssen wir mit ihnen Kriterien erarbeiten, anhand derer sie erkennen können, daß sie den Stoff beherrschen. Wenn ein Unterrichtsthema einem Schüler ‚nichts bringt', liegt es in der Verantwortung des Lehrers, diesem Kind die Relevanz des Themas auf irgendeine ansprechende Weise nahezubringen. Er kann dazu auch den Schüler nach seinen Wünschen fragen.

Lehrer sollten Schüler immer wählen lassen, auf welche Art diese zeigen wollen, was sie gelernt haben: indem sie etwas konstruieren, einen Bericht schreiben oder etwas mündlich vortragen. Umgekehrt können die Lehrer ihren Schülern Erfahrungen auf vielerlei Art vermitteln: ihnen Geschichten erzählen, Zettel austeilen oder Bücher empfehlen. Je vielseitiger sie den Stoff darbieten, desto weniger müssen sie sich mit den Albernheiten oder dem Jammern des ein oder anderen Schülers auseinandersetzen.

Erwachsene erwarten, daß Kinder sich anpassen, während sie selbst kaum dazu bereit sind. Es liegt an uns, flexibel zu bleiben, da wir mehr Erfahrung haben und in jeder Hinsicht über mehr Wahlmöglichkeiten als unsere Kinder verfügen. Von uns sollte man erwarten, daß wir kreativ genug sind, um Hindernisse zu überwinden, und nicht, daß wir versuchen, Kinder zu manipulieren.

Kinder sollten die Texte, die sie lesen wollen, selbst auswählen dürfen; die Bücher sollten lebendig geschrieben und ihr sprachliches Niveau kindgemäß sein. Das Schreiben sollte nicht als mechanischer Drill vermittelt werden. Statt dessen bietet es sich an, die Schüler Phantasiegeschichten und Aufsätze über ihre eigenen Erfahrungen schreiben zu lassen.

Im Mathematikunterricht sollte die Verbindung zu Alltagsproblemen hergestellt werden, die Kinder sollten in ihrem Tempo lernen und ihre eigenen Lösungswege finden dürfen. Anstatt nacheinander Arithmetik, Algebra, Geometrie und Statistik zu behandeln, ist es sinnvoller, alle vier Bereiche im Unterricht zu verknüpfen. In den Naturwissenschaften sollten die praktischen Anwendungen vor der Theorie behandelt werden.

An den weiterführenden Schulen sollten Praktika in den Stundenplan aufgenommen werden. Sowohl Schüler als auch Lehrer müssen in ihren Bemühungen, das Lernen interessanter zu gestalten, unterstützt werden. Vielleicht erübrigen sich dann unsere Sorgen um Testergebnisse und Schulabbrecher.

Wie begegnet man dem Vorwurf, daß sich die meisten Kinder in der Schule herumkommandiert fühlen? Schauen Sie sich einmal in einem durchschnittlichen Klassenzimmer einer weiterführenden

Schule um. Welche Botschaften übermitteln die Gegenstände darin? Für mich sagt die Tafel: „Schau hierher, hier ‚spielt die Musik'." Die harten Stühle sagen: „Mach' es dir nicht zu bequem. Sitz' still." Die in einer Reihe aufgestellten Pulte sagen: „Sei wie alle anderen." Die Uhr sagt: „Beende deine Arbeit dann, wenn ich es dir sage." Die Wände fordern auf: „Sei empfindungslos. Sei nicht zu lebhaft." Das Licht sagt: „Die Welt ist hart. Sei künstlich. Beeil' dich."

Betrachten Sie jetzt mit uns in ein anderes Klassenzimmer. Darin unterrichtet ein Lehrer, der daran glaubt, daß es im Fach Biologie darum geht, Lebewesen zu erforschen, und der seine Aufgabe darin sieht, seine Schüler für das Lernen zu begeistern. Zwei Seiten des Raums sind mit Aquarien und Terrarien zugestellt, in denen sich Ameisen, Spinnen, Frösche und andere Tiere tummeln. Die dritte Wand wird völlig durch Pflanzen verdeckt, und davor steht eine Reihe Computer. Die Wände sind mit Büchern, Postern und Modellen bedeckt. Was sagt Ihnen dieses Klassenzimmer?

Wenn ein Lehrer auf seiner ureigenen traditionellen Lehrmethode besteht, bleiben nicht nur die Bedürfnisse vieler Schüler unberücksichtigt, es wird auch ihr Versagen begünstigt. Lehrer entfremden so diejenigen Menschen von der Schule, denen sie ‚dienen' sollten. Unternehmen in aller Welt begreifen jedoch allmählich, daß es effektivitätssteigernd ist, wenn Leitende die Macht teilen. Es wird Zeit, daß die Schule diesbezüglich aufholt.

Was wir in diesem Kapitel erörtert haben, geht über eine neue Methode des Lehrens und Lernens hinaus. Wir haben einen spezifischen Aktionsplan vorgelegt. Dabei sind keineswegs mehr Geld oder komplizierte Tests oder neue Ausrüstungen vonnöten – jedoch unsere Bereitschaft zur Veränderung und der Mut, neugierig zu sein und im gesamten Unterrichts- und Lernprozeß zusammenzuarbeiten. Wir alle werden gebraucht, um die Schulen zu reformieren. Aus sterilen Klassenzimmern, in denen alles verstaubt, farblos und steif ist, müssen lebendige Räume werden, in denen sich die Talente Ihres Kindes entfalten können.

12

Gemeinsam in eine lebenswerte Zukunft

Bezweifeln Sie nie, daß eine kleine Gruppe nachdenklicher, engagierter Bürger die Welt verändern kann; und tatsächlich ist sie nie anders verändert worden.

Margaret Mead

Vor langer Zeit verirrte sich ein blinder Mann in einem riesigen Wald. Er lief verloren zwischen den Bäumen umher, bis er zu einer Lichtung kam. Dort stolperte er schließlich über etwas, was er für eine Baumwurzel hielt, und fiel hin. Er griff danach, um sich daran hochzuziehen und hörte ein „Och“. Das Ding war keine Wurzel, sondern der Fuß einer alten, lahmen Frau, die dort am Boden lag.

„Entschuldigen Sie“, sagte der Blinde, „Wer sind Sie, und was tun Sie hier?“

Die lahme Frau keuchte: „Ich liege hier schon sehr lange. Fast eine Ewigkeit. Ich kann nicht gehen. Deshalb habe ich darauf gewartet, daß ich sterbe.“

Der blinde Mann säuberte sich und stand auf. „Auch ich bin schon sehr lange hier, ich hatte mich verirrt und bin ganz alleine herumgewandert, um den Weg aus dem Wald zu finden.“ Beide seufzten verzweifelt, bis die alte Frau plötzlich rief: „Mir ist etwas eingefallen. Warum nehmen Sie mich nicht auf Ihre Schultern und tragen mich hinaus. Ich kann sehen und uns beide leiten.“

Erleichtert folgte der Blinde ihren Anweisungen, und zusammen fanden sie den Weg aus dem Wald.

Eltern und Lehrer stehen heute enorm unter Druck. In diesem Kapitel mache ich Ihnen einige Vorschläge, wie Sie ein Bündnis initiieren können, das dazu beiträgt, den hier erarbeiteten Erkenntnissen auch in den Schulen Gehör zu verschaffen. Da Eltern immer die Fürsprecher ihrer Kinder sein müssen, soll dieses Kapitel Ihnen sowohl Mut machen, sich bei den Lehrern Ihrer Kinder Gehör zu verschaffen, als auch das nötige Mitgefühl für deren Situation vermitteln.

Im Wald verirrt

Viele Eltern suchen einen Weg, um bei der Schulausbildung ihrer Kinder mitreden zu können, und viele Lehrer haben umgekehrt das Bedürfnis, ihre Erfahrungen nach außen zu tragen. Aber beide finden sich heute allzuoft an entgegengesetzten Enden des Waldes wieder. Erörtern wir zunächst die Perspektive des Lehrers. Was ich Ihnen schildern werde, spielt sich sicherlich in zahlreichen Fällen ähnlich ab.

Mein Mann und ich hielten im letzten Monat ein Wochenendseminar an der Ostküste ab. Einer der Teilnehmer, Mario, unterrichtete seit zehn Jahren an einer der schlimmsten High-Schools der Stadt. Er war über zwei Meter groß. Sein Muster war VKA. Wenn ich an ihn denke, wird mir warm ums Herz. Wir sprachen viel über seinen Beruf, seine Schüler, warum er sie mochte und wie schwer der Mangel an Unterrichtsmaterial auf ihm lastete: Er hatte nicht genügend Bücher für alle Schüler zur Verfügung, die Kinder mußten im Klassenzimmer die Mäntel anbehalten, weil nicht richtig geheizt wurde, es fehlte an sozialen Begleitprogrammen (zum Beispiel zur Bekämpfung der Drogenabhängigkeit), die die Kinder dringend gebraucht hätten.

Für die beiden Tage nach diesem Seminar hatten wir einen Auftrag von dem Mann bekommen, der für die Weiterbildung der Lehrer zuständig war. Er hatte uns ein Stipendium besorgt, so daß wir ein Seminar über Denkmuster abhalten konnten. Ich war erstaunt, daß nur elf Sonderschullehrer anwesend waren. Der Direktor erklärte, daß nicht genügend Geld für Vertretungslehrer zur Verfügung stünde, da im vorhergehenden Monat ein Seminar über neue staatliche Richtlinien stattgefunden habe.

Das Gebäude, in dem unser Seminar über die Bühne ging, war riesig, brandneu und ausschließlich für die Verwaltung reserviert. Nicht ein einziges Kind war zu sehen, aber es gab 60 großzügige Büros für Personal in verschiedenen Positionen. Unser Seminarraum enthielt eine teure audiovisuelle Ausstattung, dazu eine Tafel für 1.500 Dollar. Es gab einen Kopierer, damit sich niemand Notizen machen mußte. (Mario hatte mir erzählt, daß es in seiner Schule für 2.000 Schüler nicht ein einziges Kopiergerät gab!)

Diese Zustände sind nicht nur für diese eine Stadt typisch. Lehrer im ganzen Land sind frustriert. Vor einigen Wochen rief mich eine Lehrerin aus Colorado an und klagte: „Ich hasse den Begriff ‚groß'! Meine Klassen sind zu groß. Ich habe so viele Schüler, daß ich einen Monat brauche, bis ich ihre Namen kenne. Wie kann ich jemanden unterrichten, zu dem ich sagen muß ‚Hey du da'?"

In jeder Schule gibt es Lehrer, die intuitiv spüren, daß jedes Kind anders lernt. Warum werden diese Lehrer nicht unterstützt? Warum sind nicht *sie* für die Weiterbildung, die Entwicklung von Programmen und die Anschaffungen zuständig? Statt dessen zwingt man ihnen teure Materialien auf, die nichts bringen. Warum interessiert sich die Schulverwaltung nicht für die von Klassenlehrern erarbeiteten Methoden?

Annes Erfahrungen bestätigen die Mißstände: „Ich saß schon an beiden Enden des Waldes fest. Als Lehrerin war ich sehr neugierig auf die Schüler, die ich unterrichten sollte. Als im September 31 Schüler in meine Klasse kamen, wußte ich, daß ich das Vertrauen und die partnerschaftliche Hilfe ihrer Eltern brauchte, um sie erfolgreich unterrichten zu können. Am Elternabend bat ich die Mütter und Väter, all das aufzuschreiben, was mir eventuell beim Unterrichten weiterhelfen konnte: wie ihre Kinder lernten, wofür sie begabt waren, welche Fähigkeiten und Interessen sie hatten. Zu meiner Überraschung fielen die Antworten sehr spärlich aus. Heute verstehe ich, daß diese Eltern einfach nicht glauben konnten, daß ihr Alltagswissen und ihre Erfahrungen für mich, die Expertin, von Wert waren. Sie wollten auf alle Fälle den Eindruck vermeiden, ihr Kind sei entweder ein ‚Problemkind' oder habe überhaupt keine Probleme. Das Vertrauen zwischen Lehrern und Eltern war so gestört, daß die Eltern nicht in der Lage waren, auf eine einfache Frage zu antworten, auf die sie wichtige Antworten hätten geben können.

Als mein Sohn Brian eingeschult wurde, war ich fasziniert, wie er sich mit seinem AKV-Muster die Welt erschloß. Ich war entzückt, wie sehr er Wörter mochte und wie schnell er sie lernte. Anstatt zu erwarten, daß er wie ein ‚richtiger' Junge von Anfang an körperlich gewandt wäre, begleitete ich ihn geduldig, während er seinen Weg fand, beim körperlichen Training vorsichtig etwas zu riskieren. Ich beobachtete, wie lange er sich in ein Bild versenken konnte, das seine Aufmerksamkeit auf sich zog. Die Kenntnis der Denkmuster half mir, seine ureigene natürliche Lernmethode zu unterstützen.

Ich hatte fünf volle Jahre Gelegenheit, seine Begabungen und Talente kennenzulernen, doch als er in die Schule kam, stand ich ängstlich vor der Tür des Klassenzimmers. Ich befürchtete, daß die natürliche Liebe meines Sohnes zum Leben und zum Lernen vom ‚System' zerstört würde. Und ich fühlte mich angesichts dieser Gefahr machtlos. Obwohl ich sehr viel wußte, zögerte ich, zuviel Informationen über Brian und seine Art zu lernen herauszurücken. Ich redete mir ein, daß ich mich nicht vordrängen oder die Expertin herauskehren wollte – noch nicht einmal, wenn es um mein eigenes Kind ging – weil ich Angst hatte, es mit seinem Lehrer zu verderben oder ihn zu verärgern, was dann vielleicht auf Brian zurückfallen konnte.

In mir fühlte ich die Reste einer sehr alten Überzeugung: daß Eltern und Lehrer Gegner in einem Wettbewerb seien und daß ich mich, um meines Kindes willen, den Lern‚experten' fügen müsse. So übergab ich Brian schweigend dem System und betete, daß ‚sie' ihn nicht zerstörten, seinen Geist hegten, anstatt ihn zu verwunden, ihn kennenlernten, so wie ich ihn kannte."

Die Annäherung

Anne steht mit ihrer Erfahrung nicht alleine da. Die meisten Eltern scheinen das, was sie über ihre Kinder wissen, auszulöschen – als wischten sie mit einem nassen Schwamm über die Tafel – wenn sie zur ersten Eltern-Lehrer-Konferenz des Jahres kommen und auf den kleinen Stühlen vor dem großen Pult sitzen. Obwohl sie erwachsen sind, vergessen sie, auf welche Weise *sie* gescheit sind.

Schulen sind so organisiert, daß wir lernen, unser Erfahrungswissen zu vergessen und nur den Experten zu glauben – dem Lehrer, dem Direktor, dem Lernspezialisten. Es wird uns beigebracht, Leistung nach Noten zu messen und Arbeiten auf das Klingelzeichen hin fertigzustellen, ohne auf unsere innere Stimme zu hören.

In Wirklichkeit ist jeder von uns ein Lehrer. Wir alle bringen anderen etwas bei – wie der Briefmarkenautomat zu bedienen ist, wie Zwiebeln gesetzt oder Socken gestopft werden ... Wenn Sie zu einem Elternabend gehen und daran denken, daß auch in Ihnen ein Lehrer lebt, hilft Ihnen das, bei sich selbst zu bleiben.

Kinder sind ebenfalls Lehrer, aber an Elternabenden nehmen sie nicht teil, obwohl ihr Lernen, ihr Leben, ihr Geist, ihre Begeisterung und ihre Schwierigkeiten besprochen werden.

Sie brauchen Mentoren, Menschen, die sich um sie kümmern und sie unterstützen. Eltern und Lehrer können lernen, ein gemeinsames Bündnis mit dem Ziel einzugehen, den Kindern dabei zu helfen, ihrem eigenen Geist zu vertrauen, gerne zu lernen und gute Arbeit zu leisten. Anstatt bestimmte Leistungen auf angeborene Fähigkeiten zurückzuführen, die einige besitzen, andere aber nicht, sollten wir davon ausgehen, daß alle Kinder lernfähig sind, sofern sie in einer angemessenen Umgebung richtig unterrichtet werden.

Als Ergebnis dieses Umdenkungsprozesses werden wir keine besseren Schulen erhalten, sondern Schüler, die besser lernen. Deshalb sollte in der Elternkonferenz die Frage erörtert werden, wie Ihr Kind am besten unterrichtet wird. Anstatt ein Objekt zu sein, über das wir reden und mit dem wir etwas machen, sollte es eine aktive Rolle im oben angesprochenen Bündnis spielen. Fragen Sie den Lehrer Ihres Kindes, ob es an der Konferenz teilnehmen kann. Wenn ja, sollte die Frage im Vordergrund stehen, auf welche Weise Ihr Kind gescheit ist und wie seine Fähigkeiten herausgefunden werden können.

Sie müssen in der Schule für Ihre Kinder sprechen. Sie wissen Dinge über sie, die niemand sonst weiß. Bedenken Sie, daß für Kinder Lernen etwas Natürliches ist. Die meisten Kinder lernen in den Pausen und während der Ferien mehr als in der Schule. Wir müssen herausfinden, welche Umgebung den Lernprozeß jedes Kindes maximal fördert. Und hier sind Sie gefragt, denn Sie beobachten Ihr Kind in vielen verschiedenen Situationen.

Braucht es zum Beispiel Bewegung, um zu lernen, müssen Sie das dem Klassenlehrer mitteilen. Er hat vielleicht noch nichts von unterschiedlichen Denkmustern gehört und glaubt nach wie vor, daß Kinder stillsitzen und zur Tafel blicken müssen, um aufzupassen.

Sie, die das Denkmuster Ihres Kind am besten kennen, können dem Lehrer Einzelheiten darüber mitteilen, aber sie sollten dabei strategisch geschickt vorgehen. Einige Lehrer fühlen sich vielleicht bedroht, wenn Sie intervenieren.

Einen Dialog einleiten

Probleme existieren nicht *in* den Menschen, sondern *zwischen* ihnen. Daraus folgt, daß die Lösung der Frage, wie unsere Kinder am besten unterrichtet werden, nicht im Lehrer oder Schüler oder in den Eltern ‚begraben' liegt, sondern im Gespräch unter ihnen gefunden werden muß. Ich möchte Ihnen im folgenden einen möglichen Lösungsweg skizzieren.

Die Methode wurde von dem Quantenphysiker David Bohm angeregt, der an einer Theorie des Dialogs arbeitet. So benutzt er den Begriff „Dialog" nicht als Synonym für „Diskussion" oder „Streitgespräch", sondern als Beschreibung für einen Prozeß, der zwischen Menschen abläuft, die bereit sind, gemeinsam Übereinstimmung herzustellen. Bohm gebraucht dafür die Metapher eines Stroms, der zwischen zwei Ufern fließt.

Meine Überlegung ist folgende: Sie als Elternteil sitzen auf einer Seite des Stroms, der Lehrer auf der anderen. Ihr Kind sitzt auf einer schmalen Brücke über dem Fluß. Der Strom ist der Dialog, der zwischen ihnen besteht, er fließt in eine Richtung, auch wenn Ihre und die Perspektive des Lehrers eine unterschiedliche ist. Ihre Gedanken und Meinungen sind wie die Blätter, die den Fluß hinuntertreiben. Gelegentlich ist es möglich, das Spiegelbild und damit die Perspektive des anderen zu sehen.

Das ist offensichtlich etwas anderes als ein Streitgespräch. In einem Streitgespräch sind Ihre und die Gedanken des Lehrers mit Steinen vergleichbar, die abwechselnd von beiden in den Strom geworfen werden, wobei jeder von Ihnen versucht, auf seiner Meinung zu bestehen. Schließlich bilden diese Meinungen einen Damm, der den Kommunikationsfluß zum Erliegen bringt.

Ein Dialog gelingt durch die Bereitschaft der Beteiligten, ihre Gedanken eine Weile fließen zu lassen. Ihre Meinungen müssen nicht unbedingt übereinstimmen, doch im Dialog setzen Sie Ihre jeweiligen Gedanken sanft auf der Wasseroberfläche ab und beobachten, wie sie sich zwischen Ihnen hin und herbewegen. Bei Meinungsverschiedenheiten ist es vielleicht hilfreich, wenn Sie daran denken, daß es bei der Auseinandersetzung um Ideen geht und daß der Konflikt nicht die eigene Person betrifft. Aus der Distanz können Sie erkennen, daß Ihre Gedanken Konsequenzen nach sich ziehen, die Sie möglicherweise gar nicht wollen. Stellen Sie sich selbst und Ihrem Gegenüber die Frage: „Was ist meine Absicht, welches mein Ziel? Was soll jetzt geschehen?"

Außerdem ist es notwendig, die Person am anderen Ufer, in diesem Fall den Lehrer, als Freund oder Kollegen zu betrachten. Dann können Sie sich gegenseitig als Verbündete mit unterschiedlichen Meinungen akzeptieren, anstatt sich als Feinde oder Gegner wahrzunehmen.

Es ist klar, daß Sie den Lehrer oder Ihr Kind nicht zum Dialog zwingen können. Wenn der Lehrer dieses Buch nicht gelesen hat oder Bohms Modell nicht kennt, weiß er vermutlich nicht einmal, wovon Sie reden. Aber *Sie* können sich von diesem Modell leiten lassen. Sie können Ihre Gedanken genau und ausführlich darstellen und sowohl für Ihr Kind sprechen, als auch herausfinden, was der Lehrer ‚braucht'. „Herr Wichtigtuer, was können wir alle drei machen, damit Jerome Spaß am Lernen bekommt?" „Frau Kreidestaub, ich weiß einiges darüber, wie Lonnie am besten lernt. Das könnte Ihnen das Zusammensein mit ihr sehr erleichtern. Wie kann ich Ihnen das am besten mitteilen? Und was könnte ich zu Hause tun, um Ihre Arbeit in der Schule zu unterstützen?"

Geraten Sie in eine Sackgasse, können Sie sagen, was Ihnen Schwierigkeiten bereitet. Äußern Sie sich darüber, daß Sie mithelfen wollen, Wege zu finden, die für alle gangbar sind, um die Hindernisse zu überwinden.

Alle Dinge auf der Welt, die von Menschen geschaffen wurden, haben ihre Grundlage in der Frustration über den Status quo. Benutzen Sie diese Erkenntnis wie Stützräder an einem Zweirad, während Sie üben, auf einer holprigen Straße zu fahren.

Einfluß statt Kontrolle

Wenn Menschen heutzutage über Kinder oder Erziehung sprechen, landen sie schließlich bei dem Begriff „Kontrolle": Es geht darum, wer außer Kontrolle geraten ist, wer sich unter Kontrolle hält oder die Kontrolle verloren hat. Klassenlehrer und Eltern kämpfen jahrelang darum, Kontrolle auszuüben. Kinder kämpfen jahrelang, um ihr zu entgehen.

Peter Senge, der Direktor des *Center for Organizational Learning*, sagt folgendes über Kontrolle: „Hilflosigkeit, die Überzeugung, daß wir unsere Lebensumstände nicht beeinflussen können, untergräbt den Drang zu lernen ebenso wie die Überzeugung, daß irgendwer von irgendwoher unsere Handlungen diktiert. Umgekehrt wird Lernen wichtig, wenn wir wissen, daß unser Schicksal in unseren Händen liegt."

Wenn Eltern, Lehrer und Kinder miteinander kämpfen, geschieht das oft deshalb, weil sie sich hilflos fühlen. Wenn sie glauben, keinen Einfluß auf das Geschehen um sie herum nehmen zu können, suchen sie ihr Heil in der Kontrolle. Was ist der Unterschied zwischen Einfluß und Kontrolle? Als Antwort auf diese Frage möchte ich Ihnen von einem Erlebnis berichten, das Ihnen vielleicht hilft, Ihr Schicksal wieder in Ihre Hände zu nehmen.

Ich habe diese eindrucksvolle Übung von Sensei Lloyd Miyashiro gelernt, einem Lehrer für Aikido, der außerdem Studenten in Kauai, Hawaii, unterrichtet:

Strecken Sie einen Arm aus und ballen Sie eine Faust. Versuchen Sie zunächst, die Faust kontrolliert zu bewegen. Wahrscheinlich werden Sie sehr bald merken, daß Ihre Faust um so mehr ‚rebelliert', je mehr Kraft Sie anwenden.

Versuchen Sie es jetzt anders: Legen Sie den Daumen und den Zeigefinger Ihrer freien Hand ganz leicht, so leicht wie Sie ein Schmetterling berühren würde, an beide Seiten der ausgestreckten Faust. Versuchen Sie nicht, die Faust zu bewegen, atmen Sie einfach und achten Sie darauf, wo Sie bereits Bewegung spüren. Eine leichte Bewegung wird vorhanden sein. Lassen Sie sie nach und nach sachte stärker werden.

Nach einigen Minuten wird Ihnen wahrscheinlich klarwerden, daß Sie die Richtung der Bewegung ohne viel Druck beeinflussen können. Sobald Sie Ihre Faust kontrollieren wollen, wird sie Widerstand leisten. Je aufmerksamer Sie ihre Bewegung jedoch beobachten, desto mehr Möglichkeiten werden Sie finden, sie zu beeinflussen – wie bei einem Tanz, bei dem man ja auch lieber geführt als herumgestoßen wird.

Während dieser Übung können Sie sich vorstellen, Sie seien der Schmetterling und die Faust sei die Lehrerin Ihres Kindes: „Was wäre, wenn ich eine solche Beziehung zu ihr hätte? Wie würde ich zu ihr sprechen? Wie würde sich meine Stimme anhören? Was würde ich tun? Auf welche Art kann ich ihr am besten mitteilen, was ich weiß?" Sie sollten keine Antworten erzwingen – diese werden sich wie Geistesblitze ganz von selbst einstellen.

Sie können diese Übung auch machen, wenn Sie sich plötzlich leer, verwirrt oder frustriert fühlen: Verhalten Sie sich Ihrem Geist gegenüber wie der Schmetterling.

Wenn wir schon dabei sind, sollten Sie sich vielleicht noch vorstellen, die Faust wäre Ihr Kind. Betrachten Sie einmal einen jener Kämpfe, die Sie ausfechten, wenn Sie versuchen, Ihren Sohn oder Ihre Tochter zu kontrollieren. Sicher ist Ihnen aufgefallen, daß sich beim ersten Teil der Übung Ihre Aufmerksamkeit darauf richtete, die schiebende Hand wegzudrängen. Das gleiche geschieht, wenn auf Kinder Zwang ausgeübt wird: Sie konzentrieren sich nicht mehr darauf, die Verantwortung für ihr Verhalten zu übernehmen, sondern darauf, gegen ihren ‚Boß' zu kämpfen. Ihre Waffen sind vielfältig. Sie reichen vom Drogenkonsum über Depressionen bis zum Selbstmord. Wie die Faust leisten Kinder Widerstand: „Niemand kann mich zwingen!"

Lehrer und Eltern können nicht wirksam miteinander kommunizieren, wenn Sie versuchen, das Denken des anderen zu kontrollieren oder ihn zu zwingen, ihre Sichtweise zu übernehmen. Mit Zwang und Kontrolle wird es Ihnen auch kaum gelingen, Kinder zum Lernen zu ermutigen und sie zu motivieren, für sich selbst Verantwortung zu übernehmen.

Wir haben immer die Wahl, auf ein Kind so oder so zu reagieren. Anstatt es herumzukommandieren, können wir ihm helfen, die Verantwortung für sich selbst zu übernehmen und Probleme selbst zu lösen. Als Erwachsener sollten Sie Ihr Kind überzeugen, daß es eine Lösung gibt. „Was hast du getan, als dieses Problem aufkam? Hast du gegen die Regeln verstoßen? Was können wir tun, damit so etwas nicht mehr vorkommt? Was kann ich tun, um dir zu helfen? Was wirst du tun? Was passiert, wenn du es nicht tust? Welche Konsequenzen hat dein Handeln?"

Alle Schüler einer Klasse sollten an der Aufstellung der Regeln beteiligt sein und ihnen zustimmen. Lehrer oder Eltern sollten lediglich darauf achten, daß die Regeln konsequent angewendet werden. Auch Sie müssen sich an Regeln halten: sich zum Beispiel nicht sarkastisch zu äußern, niemanden herabzusetzen oder zu demütigen. Hören Sie sich an, was Ihre Kinder zu sagen haben.

Die meisten Menschen fühlen sich unwohl, wenn sie zum erstenmal Einfluß statt Kontrolle ausüben. Aber wie so oft, wenn wir etwas Neues lernen, haben wir zunächst ein merkwürdiges Gefühl. Erinnern Sie sich noch an Ihren ersten Kuß? Wie ist es zu schaffen, etwas Neues zu lernen und dabei Fehler zu machen, ohne sich deswegen schlecht zu fühlen?

Zwischen einem Handlungsimpuls und der Handlung selbst haben wir immer die Wahl, sie so oder anders auszuführen. Ich wünschte mir, meine Eltern und Lehrer hätten mehr Bereitschaft gezeigt, sich – um unser Beispiel wieder aufzunehmen – als Schmetterlinge unwohl zu fühlen, anstatt die tödliche Drohung von Schwertkämpfern auszustrahlen. Hoffen wir, daß unsere Kinder sich nicht eines Tages von uns das gleiche wünschen.

Eine lebenswerte Zukunft gestalten

Es kostet weder viel Zeit noch viel Geld, Menschen über die Abläufe der Wahrnehmungsverarbeitung zu unterrichten. Zunächst genügt ein Tag Unterricht für Erwachsene; für Kinder sind einige Stunden ausreichend, da sie schneller lernen. Es geschehen wundersame Dinge, wenn Eltern und Lehrer, Verwaltungsleute und Spezialisten gemeinsam lernen. Sie alle haben auf einmal die gleichen Ziele.

Nach der ersten Sitzung sind noch einige Tage zur Vertiefung nötig. Es ist wichtig, daß die Teilnehmer Gelegenheit haben, die neuen Ideen in ihren Alltag einzubauen und die Erkenntnisse anzuwenden. Übung macht den Meister, das gilt hier genauso wie beim Erlernen anderer Fertigkeiten. Zunächst werden Sie mehr Fragen als Antworten haben, sich unwohl und unausgeglichen fühlen. Aber in relativ kurzer Zeit werden Sie sich beim Bestimmen von Wahrnehmungsmustern ganz sicher fühlen, und es wird Ihnen kaum mehr Mühe bereiten, als eine Rose von einem Ahorn zu unterscheiden. Vor allem werden Sie dabei eine tief empfundene Neugier entwickeln, auf welch verschiedene Weise sich Gedanken in den Köpfen bewegen. Und Sie werden natürlich diese Unterschiede als Segnungen schätzen lernen.

Immer mehr Menschen befassen sich mit den Einflußmöglichkeiten von Bildung und Erziehung, um die Begabungen und Fähigkeiten ihrer Kinder neu zu bewerten. Howard Gardner von der Harvard University unterscheidet sieben grundlegende Fähigkeiten – die linguistische, die räumliche, die kinästhetische, die musische, die zwischenmenschliche, die logisch-mathematische und die Fähigkeit, mit sich selbst klarzukommen. Calvin Taylor, ein anderer Wissenschaftler, fordert uns auf, acht verschiedene Talente zu entwickeln: die Fähigkeit, produktiv oder kreativ zu denken, Pläne zu entwerfen bzw. durchzuführen, Entscheidungen zu fällen, vorauszudenken, miteinander zu kommunizieren, Beziehungen zu pflegen und Gelegenheiten für etwas zu erkennen. Robert Sternberg beschreibt drei grundlegende Fähigkeiten: erstens die Fähigkeit, sich auf Einzelheiten eines Ganzen, zweitens, sich auf dessen Gesamtzusammenhang zu beziehen, und drittens die Fähigkeit, durch Versuch und Irrtum zu lernen.

Diese Ansätze unterscheiden sich geringfügig voneinander, werden aber in den wesentlichen Punkten von Carbo und Dunn erfaßt: „Aufgrund der ausgedehnten Untersuchungen [an der St. John's University] und unserer eigenen Erfahrung glauben wir, daß die Kinder, die in ihrem eigenen gewohnten Lernstil unterrichtet wurden, in der Schule Erfolg haben. Lernschwierigkeiten sind darauf zurückzuführen, daß die Schüler nicht auf eine Weise unterrichtet werden, die auf ihren Lernstil eingeht. Deshalb glauben wir daran, daß schulischer Erfolg sichergestellt werden kann, wenn die individuellen Merkmale eines Schülers identifiziert und die Lehrmethoden darauf abgestimmt, d.h. zusätzliche Hilfen geboten werden. Nichts ist wichtiger, als den einzigartigen Lernstil jedes Schulanfängers zu bestimmen."

Im Zen-Buddhismus heißt es, daß ein Finger, der zum Mond zeigt, nicht mit dem Mond verwechselt werden sollte. Dieses Buch ist so gesehen nur ein Finger. Es bietet keineswegs Lösungen für alle Probleme, mit denen wir in der Schule heute konfrontiert sind.

Wenn ich an die Herausforderung denke, die an uns als Mentoren gestellt wird, fällt mir eine Geschichte ein. Sie handelt von einem alten Mann namens Zusya, der die letzten zehn Jahre seines Lebens versuchte, großzügig, freundlich, liebevoll und perfekt zu sein. Je älter er wurde, desto mehr schmetterte ihn seine Fehlbarkeit nieder. Schließlich rief seine Frau den Medizinmann. Er kam, setzte sich neben Zusya und hörte ihm zu. Dieser sagte: „Ich habe mein Bestes getan, um wie Moses zu sein, aber ich habe jämmerlich versagt."

Der weise Mann schwieg lange. Dann sagte er eindringlich: „Aber mein Freund, du hast nicht versagt. Wenn du stirbst, wird Gott dich nicht fragen, warum du nicht so wie Moses warst. Er wird dich nur fragen, warum du nicht mehr wie Zusya warst!"

Unsere Kinder werden zum uniformen Individualismus gedrängt. Es liegt in unserer Verantwortung, demgegenüber ihre wirkliche Individualität zu entdecken und ihnen Unterstützung zu gewähren, wenn ihr Geist reift und seine einzigartige Form annimmt.

Angesichts der gravierenden Veränderungen, die an unseren Schulen vonnöten sind, würden die meisten Experten wohl mit Howard Gardner übereinstimmen: „Ich denke, daß wir nicht in der Lage sein werden, unser Bildungssystem im nächsten Jahrzehnt materiell zu verbessern; dazu werden mehrere Jahrzehnte nötig sein. Bis zum Jahr 2000 wird sich lediglich entscheiden, ob wir wirklich ernsthaft an grundlegenden Veränderungen interessiert sind."

Experten behaupten, daß wir heutzutage weniger Anteil aneinander nehmen, weniger Dinge wählen können, weniger wissen als früher. Ich bin Mutter und Lehrerin. Ich denke an Ihre und meine Kinder und stelle mir vor, ihnen sagen zu müssen, daß ihr verletzter Geist noch mehrere Jahrzehnte auf Heilung wird warten müssen. Es ist, als würde ich mit diesen Sätzen einen Schnitt ausführen und damit den Geist all dieser Kinder offenlegen und zeigen, welche Möglichkeiten in ihnen stecken.

Was können *Sie* tun? Durchdenken Sie in den nächsten Monaten die folgenden Fragen: Wie können Sie Schulverwaltung und Lehrer auf eine Art und Weise ansprechen, die deren Wissen achtet und sie dennoch auf die unterschiedlichen Lernstile aufmerksam macht? Was können Sie tun, um Verständnis für die Kinder zu erwirken, denen gesagt wurde, sie seien dumm und unfähig, weil sie langsam sprechen oder zappeln, wenn sie zu lange stillsitzen müssen? Haben Sie den Lehrern nicht ein Wissen voraus, das Sie befähigt, im ‚Ausschuß' eine Perle zu finden?

Unsere Kinder sind unsere Zukunft. Sie sind diejenigen, denen die Macht, die Ressourcen und die Fertigkeiten gegeben werden müssen, um ihre Zukunft lebenswert zu gestalten. Wir können einander unterstützen. Wir können uns gegenseitig helfen, unsere Visionen wiederzubeleben, die Flamme neu zu entfachen, die Wunden zu heilen und den Geist unserer Kinder zu retten. Sie als Eltern können Einfluß ausüben. Der einzige Fehler, den Sie machen können, ist zu glauben, daß unterschiedliche Lernweisen nicht erfolgreich genutzt werden können.

13

Hinweise für Lehrer

Unterricht für AKV-Kinder

AKV-Kinder lernen am besten durch Zuhören und Diskutieren oder durch Wiederholung des Gehörten. Sie verlangen viel verbale Aufmerksamkeit, es ist wichtig, daß sie immer die Möglichkeit haben, Fragen zu stellen. Den Stoff behalten sie am besten, wenn er an eigene Erfahrungen anknüpft. AKV-Schüler können recht gut mit Hintergrundlärm arbeiten. Lesen und schreiben lernen sie am besten mit einer Ganzheitsmethode, bei der sie Geschichten über eigene Erlebnisse schreiben und sich die Wörter im Kontext aneignen können. Da das Schreiben der Buchstaben ihnen möglicherweise Schwierigkeiten bereitet, ist es günstig, wenn sie zunächst sehr groß schreiben dürfen. Wenn möglich, sollte ihnen der Lernstoff anhand kürzerer Texte oder mündlich vermittelt werden. Im Klassenzimmer sollten bestimmte Flächen an der Wand von Bildern und Zetteln freigehalten werden. Ein Sitzplatz nahe am Fenster ist günstig. Die Kinder müssen sich bewegen können.

Unterricht für AVK-Kinder

AVK-Kinder lernen am leichtesten durch Zuhören und Diskutieren. Ihnen hilft es, wenn einer Lektion, einer Tätigkeit oder einem Vortrag ein mündlicher Abriß des Inhalts vorangeht. Bieten Sie AVK-Kindern die Gelegenheit, das, was sie lernen, laut mit eigenen Worten zu wiederholen, damit sie hören können, was sie denken. Dieses Bedürfnis kann auch für den Unterricht genutzt werden. Bitten Sie AVK-Kinder, einen Gedanken oder eine Lektion für die

Klasse zusammenzufassen. Suchen Sie für diese Schüler nach Gelegenheiten, andere zu unterrichten.

AVK-Kinder lernen phonetisch lesen. Beim Schreiben brauchen sie Anregung: Erarbeiten Sie mit ihnen Schritt für Schritt den Aufbau eines Textes, arbeiten Sie mit Anschauungsmaterial oder üben Sie mit ihnen Visualisieren, um ihre Phantasie anzuregen. Erklären Sie praktische Arbeiten oder Versuche in kleinen Schritten, so daß die Kinder genügend Zeit haben, sie nachzuvollziehen und sich nicht unter Druck gesetzt fühlen.

Unterricht für KAV-Kinder

KAV-Kinder lernen am erfolgreichsten anhand von praktischen, konkreten Erfahrungen. Am besten merken sie sich Dinge, die unmittelbar nützlich sind oder in irgendeiner Weise an Erlebnisse anknüpfen. Berührung, Geruch und Geschmack sind dabei besonders wichtig. KAV-Kinder lernen sehr gut, wenn sie den Lernstoff verkörpern können. Sie brauchen immer wieder Pausen und müssen sich beim Zuhören bewegen können. Sie arbeiten gut in Gruppen. Lesen und schreiben lernen sie am besten mit einer Ganzheitsmethode: Lassen Sie sie Erlebnisse aufschreiben und dann die Wörter, die sie geschrieben haben, im Kontext lernen. Mündliche Erklärungen fruchten bei ihnen mehr als schriftliche. Erlauben Sie ihnen, Dinge auszuprobieren. Auch das, was sie gelernt haben, zeigen sie besser in Diskussionen oder Sketchen als in schriftlichen Arbeiten. Handschrift und Rechtschreibung sind bei diesen Schülern Problempunkte. Am besten ist es, wenn sie dabei ihren Körper und ihre Stimme sooft wie möglich einsetzen können. Lassen Sie sie das Schreiben mit sehr großen Buchstaben üben, eventuell an der Tafel oder an einer Staffelei, damit sie mit ihrem ganzen Körper arbeiten können. Buchstaben lassen sich auch üben, indem die Kinder sie in die Luft, in den Sand oder mit Fingerfarbe auf Papier malen und dabei laut aufsagen. KAV-Kinder sitzen am besten am Fenster. Im Klassenzimmer sollten nicht alle Wände mit Bildern oder Zetteln bedeckt sein.

Unterricht für KVA-Kinder

KVA-Kinder lernen am leichtesten durch praktisches Tun: bei Exkursionen, anhand von Modellen und realen Gegenständen, die sie riechen, berühren und fühlen können. Sie sollten sehen können, worüber gesprochen wird. Lernsituationen sollten deshalb möglichst konkret sein und Bezug zum Leben der Kinder haben. Erläuterungen mitten in einer Demonstration können bei ihnen zu Verwirrung führen. Sind Erklärungen nötig, sollten Sie in kleinen Schritten vorgehen und ihnen zusätzlich ein Modell oder eine Abbildung zeigen. KVA-Kinder müssen sich bewegen können, wenn ihre visuelle Aufmerksamkeit gefordert ist. Für sie ist es besonders wichtig, Dinge auf eine Art lernen und wiedergeben zu können, die nicht nur Sprechen und Zuhören umfaßt. Allein durch Zuhören lernen sie kaum. Fordern Sie sie auf, sich Notizen zu machen, Lesekärtchen zu verwenden, zu zeichnen oder zu kritzeln, während sie zuhören oder lernen. Geben Sie ihnen Gelegenheit, das Gelernte in Vorführungen oder Spielen zu demonstrieren, bei denen ihre Hände und ihr ganzer Körper beteiligt sind. Erlauben Sie ihnen, Stichwortzettel und Anschauungsmaterial zu benutzen oder sich vorzubereiten, wenn sie etwas mündlich vortragen müssen. Berühren Sie sie gezielt, um ihnen die für sie typische Angst vor der Schule zu nehmen. Suchen Sie nach kreativen Möglichkeiten, ihren mündlichen Wortschatz zu erweitern.

Unterricht mit VKA-Kindern

VKA-Kinder brauchen im Unterricht Anschauungsmaterial und Gelegenheit, sich zu bewegen und zu erfahren, was sie lernen. Bereiten Sie für diese Kinder sowohl schriftliche als auch mündliche Anleitungen vor. Wenn Sie etwas vortragen, sollten Sie vorher einen kurzen Abriß davon geben. Fordern Sie die Kinder auf, sich Notizen zu machen oder Mindmaps anzufertigen. (Dabei werden Wörter oder Symbole nichtlinear zusammengestellt.) Unterbrechen Sie längere Vorträge durch Versuche und Demonstrationen, zeigen Sie Tabellen, Abbildungen, Bilder und anderes Anschauungsmaterial. Beim Lesen sollten Sie von einer Methode ausgehen, die das Sehen in den Vordergrund stellt. Bildkärtchen sind für diese Kinder gut. Sie können das Leseverständnis der Kinder fördern, indem Sie sie ermutigen, ihre natürliche Fähigkeit des Visualisierens einzusetzen: zum Beispiel, indem sie sich bildlich vorstellen, was sie gerade lesen. VKA-Kindern sollten Sie praktische Fertigkeiten möglichst ohne mündliche Erläuterungen zeigen und sie dann probieren lassen. Stärken Sie bei diesen Kindern das Gefühl von Kompetenz. Bieten Sie ihnen mehrere Lösungswege für eine Aufgabe an und lassen Sie sie wählen. Akzeptieren Sie, wenn sie sich plötzlich umentscheiden.

Ermutigen Sie die Kinder, eine Sportart auszuüben oder ein Hobby zu wählen, bei dem sie mit den Händen arbeiten können. Bieten Sie ihnen im Unterricht die Chance, statt in Form eines Referats ihr Wissen auf andere Art zu demonstrieren. Drängen Sie sie nicht zum Sprechen. Lassen Sie ihnen Zeit zum Überlegen. Bewegung hilft ihnen oft, die richtigen Worte zu finden. Schreiben trägt zur Klärung ihrer Gedanken bei. Ermutigen Sie VKA-Kinder zu kreativem Schreiben.

Unterricht für VAK-Kinder

VAK-Kinder lernen leicht, was sie lesen und gezeigt bekommen. Lesen lernen sie am besten phonetisch. Sie schreiben klar, präzise und weitgehend fehlerlos. Ermuntern Sie sie, viele verschiedene Dinge zu schreiben, von persönlichen Erlebnissen bis zu Dialogen, Gedichten und Phantasiegeschichten. Arbeitsblätter kommen bei ihnen gut an. Schriftliche Anleitungen reichen für sie aus, obwohl durch Nachfragen sichergestellt werden sollte, daß sie alles verstanden haben. Die üblichen Tests sind für sie durchaus geeignet. Arbeitsprojekte, Spiele und mündliche Berichte erfordern etwas Anstrengung und sollten gefördert werden.

Die Arbeit in einer Gruppe mit Schülern desselben Musters müßte bei VAK-Kindern gut gelingen. Sie brauchen Zeit, um ihre Meinungen laut zu diskutieren und Argumente zu ordnen. In den naturwissenschaftlichen Fächern und beim Sport sollten Sie ihnen neue Aufgaben erst zeigen und sie mit ihnen durchsprechen, ehe sie selbst ‚zur Tat schreiten'. Um strukturierte Bewegungsabläufe zu erlernen, brauchen sie die visuelle Vorstellung davon, wie ihr Körper bei der entsprechenden Übung aussehen wird. Außerdem ist ein Feedback nach der Übung wichtig. VAK-Kinder sollten die Möglichkeit haben, selbständig zu üben, um ihr Selbstvertrauen zu stärken.

Literaturverzeichnis

Armstrong, Thomas: Awakening Your Child's Natural Genius: Enhancing Curiosity, Creativity and Learning Ability. Los Angeles 1991 (J. P. Tarcher); deutsch: Die Spiritualität des Kindes. Pädagogik für ein neues Bewußtsein. Essen 1994 (Synthesis)

Burns, Marilyn: I Am Not a Short Adult. Boston 1977 (Little, Brown & Co.)

–: The I Hate Mathematics Book. Boston 1975 (Little, Brown & Co.); deutsch: Wie viele Seiten hat die Banane? Für Mathe-Profis, die es (nicht) werden wollen. Würzburg 1989 (Arena-Verlag)

Carbo, Marie/Dunn, Rita/Dunn, Kenneth: Teaching Students to Read Through Their Individual Learning Styles. Englewood Cliffs, NJ, 1986 (Prentice Hall)

Dunn, Rita/Dunn, Kenneth: Bringing Out the Giftedness in Your Child: Nurturing Every Child's Unique Strengths, Talents and Potential. New York 1992 (John Wiley & Sons)

Faber, Adele/Mazlisch, Elaine: How to Talk So Kids Will Listen and Listen So Kids Will Talk. New York 1982 (Avon Books); deutsch: Nun hör doch mal zu! Elternsprache – Kindersprache. München 1989 (Droemer Knaur)

Gardner, Howard: The Unschooled Mind. New York 1991 (Harper Collins); deutsch: Der ungeschulte Kopf. Wie Kinder denken. Stuttgart 1993 (Klett-Cotta)

Gatto, John Taylor: Dumbing Us Down: The Hidden Curriculum of Compulsory Schooling. Philadelphia, PA, 1992 (New Society Publishers)

Glasser, William: The Quality School. New York 1990 (Harper Perennial)

Haley, Jay: Uncommon Therapy: The Psychiatric Techniques of Milton H. Erickson, New York 1973 (Norton); deutsch: Die Psychotherapie Milton H. Ericksons. München 1988 (Pfeiffer)

Hall, Edward T.: Beyond Culture. Garden City, NY, 1976 (Anchor Press, Doubleday & Co.)

Herbert, Cindy/Russell, Susan: Everychild's Everyday: Learning About Learning. Garden City, NY, 1980 (Anchor Press, Doubleday & Co.)

Kimmel, Margaret Mary/Segel, Elizabeth: For Reading Out Loud!: A Guide to Sharing Books With Children. New York 1983 (Delacorte Press)

Liedloff, Jean: The Continuum Concept. New York 1977 (Alfred A. Knopf); deutsch: Auf der Suche nach dem verlorenem Glück. Gegen die Zerstörung unserer Glückserfahrung in der frühen Kindheit. München 1995 C. H. Beck)

Markova, Dawna: The Art of The Possible: A Compassionate Approach to Understanding the Way People Think, Learn and Communicate. Berkeley, CA, 1990 (Conary Press); deutsch: Die Entdeckung des Möglichen. Wie unterschiedlich wir denken, lernen und kommunizieren. Freiburg im Breisgau 1993 (VAK Verlag für Angewandte Kinesiologie GmbH)

New Games Foundation/Fluegelman, Andrew (Hg.): The New Games Book. Garden City, NY, 1976 (Dolphin, Doubleday & Co.); deutsch: New Games – Die neuen Spiele. Mühlheim a.d.R. 1991/92 (Verlag an der Ruhr)

Ostrander, Sheila/Schroeder, Lynn (mit Nancy Ostrander): Superlearning. New York 1979 (Dell Publishing Company); deutsch: Superlernen ohne Streß. Bern, München 1990 (Goldmann)

Pearce, Joseph Chilton: Magical Child. New York 1977 (E. P. Dutton)

–: Magical Child Matures. New York 1981 (E. P. Dutton)

Perry Susan K.: Playing Smart: A Parent's Guide to Enriching, Offbeat Learning Activities for Ages 4 – 14. Minneapolis, MN, 1990 (Free Spirit Publishing Inc.)

Samples, Bob: Openmind/Wholemind: Parenting and Teaching Tomorrow's Children Today. Rolling Hills Estates, CA, 1987 (Jalmar Press)

Samples, Bob/Samples, Cheryl/Barnhart, Dick: The Wholeschool Book. Reading, MA, 1977 (Addison-Wesley)

Senge, Peter: The Fifth Discipline: The Art And Practice of the Learning Organization. New York 1990 (Doubleday/Currency); deutsch: Die fünfte Disziplin. Kunst und Praxis der lernenden Organisation. Stuttgart 1996 (Klett-Cotta)

Stevenson, Harold W./Stigler, James W.: The Learning Gap: Why Our Schools Are Failing and What We Can Learn from Japanese und Chinese Education. New York 1992 (Summit)

Stichwortverzeichnis